Marcel Pierre Teguia Kamdem

Les six clés d'un miracle authentique

AF819526

Marcel Pierre Teguia Kamdem

Les six clés d'un miracle authentique

Éditions Croix du Salut

Imprint
Any brand names and product names mentioned in this book are subject to trademark, brand or patent protection and are trademarks or registered trademarks of their respective holders. The use of brand names, product names, common names, trade names, product descriptions etc. even without a particular marking in this work is in no way to be construed to mean that such names may be regarded as unrestricted in respect of trademark and brand protection legislation and could thus be used by anyone.

Cover image: www.ingimage.com

Publisher:
Éditions Croix du Salut
is a trademark of
Dodo Books Indian Ocean Ltd., member of the OmniScriptum S.R.L Publishing group
str. A.Russo 15, of. 61, Chisinau-2068, Republic of Moldova Europe
Printed at: see last page
ISBN: 978-620-3-84285-2

Copyright © Marcel Pierre Teguia Kamdem
Copyright © 2022 Dodo Books Indian Ocean Ltd., member of the OmniScriptum S.R.L Publishing group

LES SIX CLEFS
D'UN MIRACLE
AUTHENTIQUE
MARCEL TEGUIA

Les six clefs d'un miracle authentique

Marcel TEGUIA

Ma prière est que par cet ouvrage, le Seigneur vous bénisse puissamment et que vous puissiez expérimenter ses six clefs dans votre vie au nom de Jésus.

DÉDICACE

Je dédie cet ouvrage au Saint Esprit qui en est le véritable auteur

Table des matières

REMERCIEMENTS

J'exprime toute ma reconnaissance à ma tendre épouse pour son amour pour son soutien inconditionnel, aux hommes de Dieu qui, de près comme de loin, ont contribué à ma croissance dans la foi et pour finir à toutes les personnes qui ont contribuées pour que ce livre voit le jour.

Introduction

Aujourd'hui nous faisons face à une prolifération de miracles proclamé et lorsque nous observons le monde et les Hommes qui y vivent, il revient à se poser la question celle de savoir est-ce réellement un miracle ? Regardons quelques définitions du miracle :

- Le miracle est un Fait, résultat étonnant, extraordinaire, qui suscite l'admiration où l'on croit reconnaître une intervention divine. Selon le dictionnaire Larousse
- Le mot "*miracle*" vient du latin mirari : s'étonner. Il s'agit donc d'un événement qui provoque la stupéfaction parce qu'il échappe au cours normal des choses.
- Le mot miracle signifie étymologiquement : chose surprenante et digne d'admiration. Il s'applique à un événement inaccoutumé et imprévisible, ordinairement considéré comme inexplicable. selon Dictionnaire Top Bible — Top Chrétien
- Un *miracle* désigne un fait extraordinaire, dépourvu d'explication scientifique, qui est alors vu comme surnaturel et attribué à une puissance divine. Selon Wikipédia

Nous constatons par ces multiples définitions que lorsqu'il y a miracle cela ne laisse personne indifférent même pas l'environnement, d'où la question était-ce un miracle authentique ?

Je vaudrais dire que le miracle relève du surnaturel et pour y avoir accès il faut passer par la porte et qui dis porte, dis que tu dois avoir la clé ! d'où les six clés pour un miracle authentique. Sois bénis pendant que tu lis au nom de Jésus. Amen

La rencontre

La rencontre est la première étape d'un miracle authentique ; pourquoi parce que le miracle est une personne et cette personne est le centre de toute car tout ce qui existe, existe par LUI et pour LUI selon Colossiens 1 :16 qui dit **« Car en lui ont été créées toutes les choses qui sont dans les cieux et sur la terre, les visibles et les invisibles, trônes, dignités, dominations, autorités. Tout a été créé par lui et pour lui. »** et jean1 :3 dit **« Toutes choses ont été faites par elle, et rien de ce qui a été fait n'a été fait sans elle. »** enfin romains 11 :36 dit ceci **« C'est de lui, par lui, et pour lui que sont toutes choses. A lui la gloire dans tous les siècles ! Amen ! »** version louis segond. Il est donc impossible de parler de véritable miracle loin de Lui, IL est le Seigneur des seigneurs, le Roi des rois, le lion de la tribu de Juda, l'ancien des jours, le ressuscité, l'Alpha, l'Omega, l'unique et le véritable ; Il s'appelle Jésus-Christ ! alléluia ! alléluia !! alléluia !!!

Lorsque tu le rencontres ta vie devient un miracle, Il donne du gout à ta vie, bref Il fait de toi le sel et désormais tu deviens un catalyseur de miracle dans la vie des autres.

Tant qu'il n'y a pas de rencontre dans ta vie il est impossible que quelques choses de sérieux se produisent ; parce que c'est pendant la rencontre que tu obtiennes la révélation (ton esprit se saisi d'une réalité céleste), la révélation produit en toi la conviction qui fait naitre la foi dans ton cœur **(« Ainsi la foi vient de ce qu'on entend, et ce qu'on entend vient de la parole de Christ. »** romains 10 :17, pendant cette rencontre tu entends ce que les autres n'entendent, tu vois ce qu'ils ne voient pas) et la foi te pousse à l'action (tu décides de faire un choix, tu prends position et tu t'engages avec LUI), l'action posé on assiste tous à un miracle.

La rencontre avec Jésus est la porte d'entrée dans une vie continuelle de miracles et quiconque entre par cette porte n'est plus jamais la même personne, son histoire change, il devient un témoignage et il donne du gout partout où il va pour la gloire de Jésus-Christ. Je parle de rencontre vrai, de rencontre qui transforme littéralement ta perception de la vie, ta conception de la vie ; je ne parle pas de rencontre simulé, ni de rencontre fabriqué comme on le fait aujourd'hui puis ses personnes continuent leur vie comme un canard sur qui on a versé de l'eau.

J'aimerai que nous lisons le témoignage de plusieurs personnes qui ont eu une rencontre avec le Seigneur Jésus, le Seigneur de gloire et vous verrez comment leurs vies ont totalement changé et aujourd'hui même la société en bénéficie.

Témoignages

- Le témoignage de Flora DJUISSI

Rencontre de l'amour Véritable,

L'amour qui m'a transformé entièrement

Je suis **Djuissi O. Ingride flora**, de la région de l'Ouest Cameroun. Elevé à Bilongue-Douala, cinquième d'une famille de sept enfants. Je faisais le culte d'enfant depuis toute petite à la paroisse Eglise Evangélique de Diboum II puis, de Soboum. Nous étions une famille de bonne moralité avec une éducation stricte.

Mélancolique, rancunière, et rebelle j'étais. Je gardais beaucoup de haine pour mon papa, tous ses attitudes de dictateur et surtout les insultes par ci et là augmentaient la rébellion dans mon cœur. J'étais frustrée et me sentais rejeter par ma famille et mes voisins (qui aimaient bien me caractériser d'anglophone pour m'insulter), et par mes camarades d'Avenir Bilingual Primary School (qui me traitaient de francophone pour me mettre à part). Je me sentais incomprise par tous et restais toujours dans mon coin seul. Je ne parlais à personne en classe bref, j'étais mélancolique.

En 2006, alors que je faisais la classe de Form Three, mon Papa nous a obligé à faire le catéchisme. Je m'y plaisais parce que c'était un moyen de fuir la maison et puis je pouvais me faire les nouveaux amis. A la fin des séances nous jouons avant de rentrer.

Six mois plus-tard, nous avons faire l'évaluation, j'étais parmi les admis au baptême. Le catéchiste nous a interpeler de nous rassurer que nos parrains et marraines soit des personnes qui craignent Dieu et vivent pour Lui. Une seul personne m'est venu à l'esprit en ce moment-là ; une petite sœur à ma mère qui était différente. Elle était intègre et honnête, ne visitais pas les marabouts, refusait les pratiques traditionnels qu'on fait pour les funérailles, elle était d'ailleurs la risée de tous à cause de sa foi en Christ bien que nombreux ne lui disaient pas en face. J'entendais au village ses sœurs et mes cousines qui disaient qu'elle est entrée chez les témoins jusqu'à ce qu'elle parle comme eux. A cet instant-là, c'est à elle que je pensais. Je me disais : dans ma famille tout le monde part à l'église mais elle est différente. J'avais déjà eu à assister, pendant les congés chez elle, à des moments de prière et d'étude biblique avec un groupe et était comme impressionné de voir des jeunes aimés autant le Seigneur et je les enviais et appréciais.

Nous étions le 31 Mai 2006 quand tout s'est passé. Je me suis rendu à New-belle Badjoun, le quartier où elle habitait à l'époque. Toute contente je lui ai annoncé que je me baptisais dans quatre jours et souhaitais qu'elle soit ma marraine. Je m'attendais à une réponse comme celle-ci « il y'a pas de problème ! tu dis que ce sera quand ? », mais j'ai été choqué de ce qu'elle me demande pourquoi je me baptise ? Est-ce pour la fête ? est-ce que je sais ce que c'est que le baptême ?

Je n'avais pas de réponse et elle m'expliquait que c'était juste le mariage avec Jésus. Une alliance qu'il faut bien réfléchir avant de s'engager. Il s'agir de s'offrir totalement à Lui pour qu'il soit le Seigneur, et ceci implique qu'on doit obéir à tout ce qu'il dit. Elle disait que Jésus, le fils unique de Dieu est mort pour moi pour que je sois sauvé et veut être le plus important dans ma vie. A ce niveau ci je me sentais déjà triste, mon âme était triste et elle parlait, ce n'était pas la première fois que j'entendais ce discours, plusieurs fois au culte d'enfants les moniteurs en parlaient mais c'était différent cette fois. Quelqu'un est venu l'appelé qu'on la cherche et elle m'a laissé dans sa cuisine. Je n'arrivais pas à contenir mes larmes. Je me suis assise sur le tabouret qui s'y trouvais. Je ne pouvais pas, je n'étais pas à l'aise, je me suis assise à même le sol. Et je pleurais, je parlais à Dieu du fait que je suis insatisfaite. Je demandais pardon pour la rébellion envers mon Père, envers les membres de ma famille, pour le mensonge et la haine que j'avais envers certaines personnes à cause des insultes que je recevais venant d'eux, je revoyais mes actions mal intentionnées qui me venaient à l'esprit et je demandais pardon à Dieu. Au même moment je me suis rappelé de tout ce que ma tante venait de me dire. Ça résonnait dans mon esprit et je me suis mise à répéter à plusieurs reprises en pleurant que : « je veux que Jésus soit Seigneur de ma vie. Je veux qu'il soit la personne la plus importante de ma vie, je suis fatigué de vivre Seigneur. Je suis fatiguée soit la personne la plus importante, viens décidé. Je veux obéir. Je vais obéir ». Pendant un moment je pleurais seulement. Quand j'ai fini je me suis senti légère, une paix que je n'avais jamais expérimentée m'a envahi. Quand je sortais de cette cuisine ce 31 Mai, j'étais tellement légère et en paix à l'intérieur de moi.

Quelque chose s'est passé ce jour, j'en suis convaincu ! Jésus est devenu Seigneur de ma vie. Waouh ! Je n'arrivais plus à répondre quand les personnes m'insultaient et me traitaient de tous les mots négatifs de leurs vocabulaires, je pleurais seulement. J'avais une faim terrible de la parole et gloire à Jésus qui avait inspiré ma tantine de m'offrir une bible le jour de mon baptême. J'aimais passer le temps dans la méditation et dans la prière. Je priais tous les jours qu'il me remplisse d'amour pour ceux qui me méprisent, qu'il me donne d'aimer mon papa (ce qu'il a fait), qu'il me donne de connaitre sa volonté, qu'il choisisse mes amis et ne me laisse pas désobéir à ce qu'il veut.

Depuis cette période jusqu'à ce jour le Seigneur me forge, me moule et me bâtit à sa façon et selon son plan parfait, il se révèle à moi au travers de sa parole.

Cette rencontre a transformé ma vision, mes principes, mon attitude et même mon langage. Cette rencontre m'a révélé le Père Amour et je suis convaincu que rien ne peut me séparer de cet amour que ça soit dans la vie présente ou avenir.

- Le témoignage de Flore Nana

Je n'ai jamais quelques choses dans ma vie mais le fait d'être entourée de fausse filles et ne prodigue que de faux conseils, je me suis plongé dans une vie de débauche. Je sortais uniquement avec des grands hommes pour de l'argent. Je savais que ce n'était pas ma place et qu'il fallait que je me libère de cette vie mais d l'autre côté je ne voulais pas abandonner la vie d grandeur que je vivais. Un jour j'ai été piégé dans une chambre d'hôtel et ce jour je devais être un sacrifice pour ce Mr, malgré mes cris personne ne venait à mon secours on dirait que j'étais dans un autre monde mais après avoir prononcé le nom de Jésus d là Je ne sais pas quelle magie je me suis retrouvé dehors j'ai compris que malgré ma mauvaise vie il y a un Dieu là-haut qui veille sur moi et il a un grand projet pour moi. Depuis que je me suis mis au service de Dieu je ne rencontre qu'une succession de bonheur dans ma vie. Présentement j'ai plus d'ami seul jésus qui règne en grand maitre dans ma vie car j'ai compris qu'il ne m'abandonnera jamais. Je ne cesse d le remercier car Il m'a sauvé de nombreuse situation mortel. Sans lui c'est qu'aujourd'hui on parlera de moi au passé d'une fille retrouvé morte dans une chambre d'hôtel Miles merci ne suffisent pas pour lui. T'es mon meilleur ami papa, t'es mon ami à vie. Je t'aime de tt mon cœur JESUS.

➢ Le témoignage de Gérard N

Je suis né dans une famille "croyante", je croyais (intellectuellement) en l'existence d'un être suprême, et mes parents nous conduisaient bien souvent à l'église protestante du coin. Ceci dura jusqu'au début de mon adolescence. Nous étions des moralistes, des gens de bien, mais je n'étais pas né de Dieu.

Ma véritable histoire avec Jésus commencera à mes 12 ans...

Mes parents étaient des personnes jouissant d'une excellente réputation (pour le peu que je sache) ...Papa était reconnu unanimement comme le grand professeur (car il l'était). La largesse et la bonté de ces parents excédaient les normes sociales. Mais naquit au sein de la maison, mon cadet (en 1988), avec une anomalie génétique qui retardait son développement neuro moteur. Nous soupirions tous après sa guérison et nous demandions "Pourquoi nous ?".

Survint alors un homme dans notre ville, il était pasteur et se nommait Guillaume Ndam Daniel. Il était très zélé comme ouvrier de Dieu et organisa une grande croisade d'évangélisation de 3 jours dans cette ville. Mes parents, fort religieux, décidèrent d'y conduire mon cadet afin que Guillaume prie pour sa condition...chaque soir, j'embarquai alors dans la voiture de mon papa pour l'y accompagner.

C'est au cours de cette croisade, alors que j'avais presque 12 ans, que Jésus vint à moi. Je pris conscience de mon état réel : J'étais un pécheur dans un beau corps, rien de plus. C'était pénible de me voir au travers du miroir de Dieu. Même si je ne faisais pas de mauvaises choses, ayant une bonne éducation et issu d'une famille appréciée de tous, la vérité de la parole de Dieu était incontestable: Personne dans ce grand auditoire (même pas moi) ne pouvait lever la main si on demandait "Que celui d'entre nous qui n'a jamais péché lève la main": Nous étions tous sous l'empire du péché, esclave du péché et ennemis de Dieu, et les bonnes œuvres de mes parents ne changeaient rien à cette réalité devant le Seigneur redoutable dans Sa splendeur.

Je compris que Dieu avait raison de dire : "Il n'y a pas de juste, pas même un seul ; Nul n'est intelligent, nul ne cherche Dieu ; Tous sont égarés, tous sont pervertis...car tous ont péché et sont privés de la gloire de Dieu." (Romains 3 : 10, 11 et 23)

L'Esprit de Dieu m'avait convaincu non seulement de mon état réel devant Dieu, mais aussi du fait que je ne pouvais rien faire comme bonnes œuvres qui pourrait changer mon état : Nous sommes tous pécheurs devant la face de Dieu et "morts" à cause du péché.

"Car le salaire du péché, c'est la mort ; mais le don gratuit de Dieu, c'est la vie éternelle en Jésus-Christ notre Seigneur." (Romains 6 :23)

Pendant des heures, je me morfondais, ayant pris conscience de ma laideur, épris de culpabilité et craignant le jugement divin. Mais au fond, Dieu avait déjà prononcé Sa sentence : "Coupable ! Junny (c'était mon petit nom), tu es coupable".

Rien ne semblait interrompre cette atmosphère de crainte, jusqu'au moment où Guillaume annonça que face à notre état de pécheur, Dieu avait une solution.

"Mais Dieu prouve Son amour envers nous, en ce que, lorsque nous étions encore des pécheurs, Jésus est mort pour nous" (Romains 5 :8) ...

"Car Dieu a tant aimé le monde qu'Il a donné Son Fils unique, afin que quiconque croit en Lui ne périsse point, mais qu'il ait la vie éternelle" (Jean 3 :16)

Je comprenais clairement que Dieu m'aimait malgré mon état de pécheur, et avait déjà de ce fait, pensé un plan pour mon salut. Je comprenais que j'étais mort à cause de mon péché et sur le chemin de l'enfer (ce qui est la seconde mort) à cause de ma nature pécheresse... mais que je n'étais pas obligé d'arriver jusqu'au bout de cette route (=la perdition éternelle), étant donné que Dieu avait dans Son amour, établi un plan pour mon rachat. Je pouvais faire volteface et changer de direction. Mais il fallait que quelqu'un soit châtié à cause de mon péché : J'avais le choix, soit de subir le châtiment moi-même (1), soit d'accepter que Jésus avait déjà subi le châtiment à ma place en mourant à la croix pour laver mon péché (2).

Je saisi la porte qui m'était ouverte et choisi la seconde option. "Heureux ceux dont les iniquités sont pardonnées, et dont les péchés sont couverts ! Heureux l'homme à qui le Seigneur n'impute pas son péché" (Romains 4 :7-8)

Alors ça retentissait fortement dans mon cœur, la parole qui dit : "Repentez-vous et convertissez-vous, pour que vos péchés soient effacés" (Actes 3 :19)

Ce soir-là, je me prosternai et je pleurai sur mon état, demandant pardon à Dieu en priant de mes lèvres et lui abandonnant ma vie entière...

Je me sentis soudain léger, je pouvais apprécier le doux passage du vent alors que nous retournions à la voiture. J'étais un autre homme. Le Seigneur Grand et Redoutable écouta ma prière et pardonna mes péchés. Il m'a revêtu du Saint-Esprit qu'Il a promis de donner à ceux qui l'aiment. J'étais né de nouveau, né de Dieu...plus tard, mes camarades de classe de leur bouche rendaient le témoignage que j'étais un autre homme.

Je compris pourquoi Jésus un jour dit à un homme : En vérité, en vérité, je te le dis, si un homme ne naît de nouveau, il ne peut voir le royaume de Dieu" (Jean 3 :3)

Pendant toutes ces années de vie avec Dieu, Il m'a fait la grâce de vivre des expériences prodigieuses avec Lui, et j'ai une grande envie, que, comme plusieurs de ma famille qui se sont repentis et convertis en me voyant vivre, que tous les Hommes soient sauvés et parviennent à la connaissance de la vérité, et cette vérité est que "quiconque invoquera le Nom du Seigneur Jésus sera sauvé." (Romains 10 :13). En sauvant en une seconde le brigand qui était à ses côtés à la croix, Il manifesta clairement que, même si j'étais le plus grand des pécheurs, ayant commis les pires des atrocités, Il ne se donnerait pas une seconde de plus pour effacer mon péché et faire de moi un homme nouveau, si seulement je fais recours à Lui de ma bouche en me repentant sincèrement

C'est par le Nom de Jésus, que les hommes ont rejeté, et que Dieu a élevé au-dessus de tout, que je suis parvenu au salut, car il n'y a de salut en aucun autre ; car il n'y a sous le ciel aucun autre nom qui ait été donné parmi les hommes, par lequel nous devions être sauvés" (Actes 4 :12).

Dieu a voulu que toute la plénitude habitât en Lui (Jésus), Il a voulu par Lui réconcilier tout avec Lui-même, en faisant la paix au travers du sang de Sa croix. Et moi, qui étais autrefois "étranger" er ennemi de Dieu par mes pensées et mes œuvres, Dieu m'a réconcilié avec Lui par le sang de Jésus.

- Le témoignage de Kanye West

Le pasteur de Kanye West révèle le témoignage de conversion « radicale » de la star

« J'ai passé assez d'heures avec cet homme pour savoir que Dieu est au travail. »

Kanye West annonçait dernièrement qu'il arrêtait la musique profane pour se consacrer au gospel. Ses « Sunday Services » sont connus sur les réseaux sociaux et attirent les foules. Mais de nombreuses personnes doutent de la réelle conversion de la star. Adam Tyson, pasteur d'une église de Californie, rencontre Kanye West chaque semaine. Il affirme qu' « il n'y a aucune raison de douter de sa foi ».

Kanye West s'est rendu à plusieurs reprises dans l'église d'**Adam Tyson**. Lors d'une de ses visites, le pasteur a voulu en savoir plus sur sa conversion.

« Il disait qu'il fuyait Dieu. Je lui ai parlé pour la première fois le premier week-end de juin. Il m'a dit : 'J'ai été radicalement sauvé il y a 5 semaines'. Je lui ai dit : 'Kanye, que s'est-il passé il y a 5 semaines ?' Il m'a répondu : 'J'étais sous le poids de mon péché et j'ai été convaincu que je fuyais Dieu, et je savais que je devais faire les choses correctement, alors je suis venu à Christ, je suis passé des ténèbres à la lumière.' »

La star et le pasteur décident de se rencontrer chaque semaine. Leur premier rendez-vous dure 3 heures. Adam dit qu'il voulait être sûr de la **conversion** de Kanye.

« J'ai passé environ trois heures à évangéliser, en m'assurant qu'il comprenait bien l'expiation de Jésus-Christ, que Dieu est saint, que nous sommes des pécheurs, que Christ est venu mourir à la place des pécheurs, qu'en se repentant et en croyant en lui, nous pouvons avoir la vie éternelle. »

Ce à quoi Kanye West a répondu :

« J'ai été radicalement sauvé. Je crois ce message et je veux le faire passer au monde. »

Et les rencontres hebdomadaires entre Kanye et Adam continuent, malgré le déménagement de la star dans le Wyoming.

« Il a tellement envie d'étudier la Bible. Comment pouvez-vous dire non ? »

Adam Tyson rappelle que la promesse est également pour Kanye West et qu'il n'y a « aucune raison » de ne pas encourager sa foi. Il ajoute qu'il voit « beaucoup de fruits » dans la vie de la star.

« Le fruit que je vois, c'est qu'il ne poursuit plus certains des schémas de péché qu'il avait avant de venir à Christ. En ce moment, il vit et marche avec Dieu tous les jours, alors d'après ce que je peux dire, il n'y a aucune raison pour que je ne l'encourage pas et en fasse partie. J'ai passé assez d'heures avec cet homme pour savoir que Dieu est au travail. »

Lors d'un des « Sunday Services » de Kanye West, Adam Tyson a présenté à la foule rassemblée le Dieu de la Bible. Pris sur https://www.infochretienne.com/le-pasteur-de-kanye-west-revele-le-temoignage-de-conversion-radicale-de-la-star/

- **Le témoignage d'Ernest Gaither**

TÉMOIGNAGES DE CONVERSION À JÉSUS-CHRIST

Je meurs à minuit, témoignage d'Ernest Gaither, condamné à mort Quand vous lirez ceci, je serai mort. Nous sommes le 9 septembre, un mardi, à minuit. Je suis condamné à mort comme criminel. Depuis que je suis dans ma cellule, j'ai eu le temps de beaucoup penser. Quelques-unes de mes pensées – un avertissement aux criminels – furent publiées aujourd'hui dans le journal de Chicago (Chicago Tribune) dans un article adressé aux « plus durs des endurcis »...

« Pourquoi tremblez-vous ainsi? Je n'ai pas peur. »

J'ai 23 ans seulement, mais je suis prêt à mourir. Savez-vous pourquoi ? Parce que je suis prêt à rencontrer Dieu et j'en suis heureux. Cette semaine, j'ai fait un rêve que j'emporterai avec moi à la chaise électrique. J'étais sur le chemin du ciel, Jésus marchait avec moi, mais je faisais quatre pas tandis qu'il en faisait deux. Il me demanda pourquoi j'allais si vite et je Lui répondis que j'étais pressé d'arriver à la maison. Puis là-haut, je fus tout environné d'anges. Quelques-uns penseront que c'est bien étrange pour un homme qui est entré athée à la prison, mais c'est exactement ce qui s'est passé, et vous comprendrez mieux quand je vous aurai dit comment j'ai rencontré Dieu, un matin de bonne heure.

Tout d'abord, jetez un regard sur mon passé. Il y a sept ans, j'étais un type qui se faisait valoir, chef de mon propre « gang » des « plus durs des endurcis ». Nous étions huit. L'un était EarI Parks surnommé : « Risette», car il vous aurait tué le sourire aux lèvres. Un autre était Charles Jones, connu sous le nom de « Beau gosse », car il avait l'allure d'un joli garçon. Les autres étaient : Herbert Liggins, connu sous le nom de « Patte folle », car il traînait une jambe, William Lee était appelé « BilI le Sauvage », et Charles Hill s'appelait « Colorado Kid » ; Clyde Bradford, lui, était si noir que nous l'appelions « Tout bleu ». Le « timonier » était Percy Beilmar. Nous l'avions surnommé ainsi parce qu'il était bon chauffeur ; mon timonier numéro 1. Tous sont en prison sauf Parks qui a été exécuté. Ils m'appelaient « Nénesse, le Gaspilleur et le Coureur de femmes ». J'essayais d'agir comme un « caid », sortant toujours de ma poche une « brique », quelquefois deux ou trois.

Quand j'ai commencé à faire tous ces tours, j'étais encore un gosse. Ma famille cherchait à m'envoyer à l'école du dimanche et à l'église. Plus d'une fois, ils m'ont donné de l'argent pour que j'y accompagne mes jeunes sœurs, mais je n'y suis jamais allé. Je faisais promettre à celles-ci de ne rien dire, et pendant ce temps je courais au cinéma. , Je disais à mes parents que j'étais allé à l'église, et ils ne s'apercevaient de rien. Le crime était en moi, et les films que je voyais m'aidaient à concrétiser mes idées. J'y apprenais quelques trucs qui m'instruisaient sur la « façon de s'y prendre ». Je me souviens du jour où j'ai vu le film « J'ai volé un million ». J'étais là, désirant être le gars qui possédait le million.

Puis, j'ai décidé d'apprendre la boxe, pensant que j'étais « costaud » et qu'ainsi je pourrais me défendre à l'occasion. Je pensais aussi que ça pourrait cogner dur un jour. Je fus le meilleur de ma classe pendant un moment, puis devins « pro » et combattis comme poids moyen pendant cinq ans. Je terminai comme poids mi-lourd; le seul homme à me mettre k.o. fut Jimmy Bovins. A 18 ans, je me trouvais dans une maison de correction dans l'Etat de l'Illinois, pour vol à main armée. En octobre, huit d'entre nous s'échappèrent, mais le mois suivant je me retrouvais au pénitencier « Joliet ». J'avais été capturé pour meurtre dans un parc de Chicago, mais fus libéré sur parole en juin. II semblait que cela dût être une leçon pour moi, mais il n'en fut rien.

Six mois plus jard, j'étais chef d'un nouveau « gang »; cela dura jusqu'au 9 février dernier. Ce soir-là, trois d'entre nous attaquèrent Max Barren, 49 ans, dans son bar situé à l'ouest de Chicago. Barren essaya de saisir un pistolet ; je bondis sur lui, mais il était décidé à tirer. Je compris aussitôt que ce serait lui ou nous, alors je tirai à bout portant et le tuai. Nous déguerpîmes avec l'argent, 300 Dollars en tout, que je donnai plus tard aux autres gars. Je m'enfuis à NewYork, puis à Atlanta, où la police m'arrêta. Quelques semaines plus tard je comparus devant la cour de Chicago.

« Reconnu coupable », ainsi retentit le verdict. « Vous êtes condamné à mort ... » dit le juge sévèrement. Ainsi j'entrai à Death Row, le « sentier de la mort ». Il n'y avait pas très longtemps que j'étais derrière les barreaux, le 23 mars dernier, quand une femme de ma race - Mme Flora Jones, de l'Eglise Baptiste d'Olivet - vint m'inviter à assister au service religieux pour les détenus. J'étais en train de jouer aux cartes avec d'autres copains et lui ris au nez. « Pourquoi faire ? » lui dis-je, « je ne pense même pas qu'il y ait un Dieu » ; mais tandis que je jouais, la femme insistait. Je me sentais si pécheur, qu'en réalité je ne voulais rien savoir de Dieu, ni même s'Il existait. Ainsi, j'ignorai cette femme. Tout-à-coup, ce qu'elle dit attira mon attention. « Si vous ne croyez pas en Dieu », cria-t-elle de l'autre côté des barreaux, « essayez seulement cette petite expérience : ce soir, avant de vous endormir, demandez-Lui de vous réveiller à une certaine heure ; puis demandez-Lui de vous pardonner vos péchés. »

Elle avait une telle foi que j'en fus saisi. Je n'ai pas assisté au service ce soir-là, mais je décidai de faire l'expérience. Allongé sur ma paillasse, je murmurai : « Mon Dieu, si Tu existes, réveille-moi à 2 heures 45. » Dehors, c'était l'hiver, et les fenêtres se givraient à l'intérieur. Pendant les premières heures de la nuit, je dormis profondément, puis mon sommeil devint plus léger ; finalement, je m'éveillai complètement. J'avais chaud et transpirais quoique la cellule fût froide. Tout était calme, sauf le bruit régulier de la respiration de quelques détenus et le ronflement d'un voisin. J'entendis des pas au dehors ; c'était un gardien qui faisait sa tournée réglementaire. Quand Il passa, Je l'arrêtai et lui demandai l'heure. Il regarda sa montre et dit : « Trois heures moins le quart. » « C'est la même chose que 2 heures 45, dites-voir ? »

Tandis que je posais cette question, mon cœur se mit soudain à battre violemment dans ma poitrine. Le gardien grogna et s'éloigna ; il ne me vit pas glisser au pied de ma paillasse et tomber à genoux. Je ne me souviens pas de ce que je dis à Dieu, mais je sais que je Lui demandai d'avoir pitié de moi, un assassin et un pécheur. Il m'a sauvé cette nuit-là, je le sais, et depuis, j'ai toujours cru en Son Fils Jésus. J'avais promis une « rossée » à un autre détenu pour le jour suivant. Le matin, quand j'allai vers lui, il recula et me dit : « Je n'ai pas envie de lutter avec toi, car tu t'y connais dans la boxe. » – « Je ne veux pas boxer », lui dis-je, « je viens seulement pour te voir. » Plusieurs s'étaient réunis pour nous voir lutter, mais ils furent désappointés. Dieu m'avait délivré de mon péché et je n'avais plus aucune envie de me battre. Plus tard, le bruit courut que je méditais quelque tour pour éviter d'aller à la chaise électrique.

Mon cas passa devant la Cour suprême de l'Illinois qui maintint la sentence de mort. Cela me « fit un coup », mais je ne perdis pas la foi en Dieu. – Je sais maintenant qu'Il ira avec moi ; ainsi, vous voyez, je n'ai vraiment pas peur. Avant de mourir, je veux laisser un message pour les autres jeunes: Commencez à servir le Seigneur pendant que vous êtes jeunes, avancez sur ce chemin, et Il vous gardera dans la droite ligne. Quand on commence à tuer, on est vaincu et li est difficile d'en sortir. C'est exactement comme pour l'habitude de fumer ou de boire, on en est esclave, on ne peut pas s'arrêter. Oui, je serai mort quand vous lirez ceci, mais écoutez mon conseil : « ... le salaire du péché, c'est la mort; mais le don gratuit de Dieu, c'est la vie éternelle en Jésus-Christ notre Seigneur », dit la Bible. J'ai découvert que c'était vrai.

Aujourd'hui, 22 octobre, le directeur Frank Sain m'a dit que le gouverneur Green m'accordait un délai d'exécution jusqu'au 24 octobre. Je suis toujours heureux et ne crains rien. Je mourrai demain, à minuit. Ernest Gaither

Peter Tanis, missionnaire des prisons a accompagné Ernest Gaither à la chaise électrique

Voici la description des derniers moments du détenu: J'ai été autorisé à entrer dans la cellule d'Ernest à peu près une heure avant minuit. L'atmosphère était lourde, les gardiens se tenaient autour de la cellule, bavardant pour détourner sa pensée « du voyage de minuit ». Mais leur conversation était forcée, et ce qu'ils disaient n'avait aucun sens. Lorsque je suis entré dans sa cellule, Emest sourit et me salua. Un aumônier noir était en train de lire la Bible avec lui. Il me donna le Saint Livre et me demanda de lire. Ernest se pencha en avant et écouta attentivement tandis que je lisais: « Car Christ est ma vie, et la mort m'est un gain... je suis pressé des deux côtés: j'ai le désir de m'en aller et d'être avec Christ, ce qui de beaucoup est le meilleur »

Il reçut un grand réconfort de ce verset: « Quand je marche dans la vallée de l'ombre de la mort, je ne crains aucun mal, car Tu es avec moi ». Quand l'horloge sonna la dernière heure de sa vie, il cita ce verset par coeur. Dehors, les gardiens écoutaient sans rien dire, certains avaient les larmes aux yeux. A 11 heures et demie environ, nous eûmes une réunion pendant laquelle nous chantâmes des cantiques. Ernest voulut chanter : « Quand l'appel de Dieu retentira, je serai là. » Tandis que les derniers sons d'un autre cantique « Quelques mots avec Jésus » se faisaient entendre, les gardiens vinrent avec une tondeuse pour couper les cheveux de l'homme à la voix de ténor. Juste avant minuit, Ernest pria : « Seigneur », dit-il à voix basse, « quand je suis entré ici, je haïssais ces gardiens ; mais maintenant, je les aime, Seigneur. O Dieu, j'aime tous les hommes. » Puis il pria pour ceux auxquels il avait fait de la peine, pour sa mère, demandant au Seigneur de la bénir ; et Il conclut en disant : « Je ne vais pas mourir par électrocution, je vais seulement m'assoir sur la chaise et m'endormir. »

Quelques minutes plus tard, une cagoule noire fut posée sur sa tête, et il commença à parcourir les derniers mètres. De chaque côté de la chaise se tenaient des gardiens qui paraissaient visiblement nerveux. Ernest le sentit et leur dit : « Pourquoi tremblez-vous ainsi? Je n'ai pas peur. » Soixante-quinze témoins étaient présents quand le condamné fut attaché par des mains fébriles sur la grande chaise noire que faisait ressortir un plancher d'acier sans tache. A minuit et trois minutes, le premier des trois chocs électriques passait à travers le corps d'Ernest.

A minuit et quart, cinq docteurs en tenue confirmèrent la mort, l'un après l'autre. Mais je savais que le vrai Ernest Gaither était encore vivant et que son corps seulement était mort.
En quittant la prison, je pensais au verset qu'il aimait tant: « Car Christ est ma vie, et la mort m'est un gain. » pris sur https://mbotakely.skyrock.com/3144274838-TEMOIGNAGE-POIGNANT-D-UN-CONDAMNE-A-MORT-CONVERTI-A-JESUS.html

- **Le témoignage de Watchman Ndinteh**

Comment J'ai Rencontré JESUS : Le Témoignage de la Conversion de Watchman Ndinteh

Ma mère était déjà une chrétienne née de nouveau qui avait fait de Jésus Christ son Seigneur et Sauveur lorsque je suis né le 7 mai 1975.

J'avais donc été exposé dès ma tendre enfance à la claire prédication de l'évangile du salut que Dieu offre à l'homme à travers Jésus Christ. À l'âge de cinq ans, j'allai vers ma mère et lui dit que je voulais devenir un enfant de Dieu. Elle me prêcha l'évangile de Jésus Christ, me disant qu'à cause de mes péchés, j'étais séparé de Dieu et que j'allais périr dans le lac de feu. Elle me dit combien le péché était mauvais et me demanda de confesser mes péchés. Je lui confessai le péché du vol des carottes dans son réfrigérateur et elle me conduisit à recevoir Jésus Christ dans mon cœur comme mon Seigneur et Sauveur. Du peu de souvenir que j'ai de cette période, Jésus Christ était tout pour moi. Je l'aimais juste. Je marchais avec lui et malgré que je fusse un enfant normal avec toutes les frasques d'un enfant, j'aimais Jésus. Sur le plan scolaire, je travaillais bien à l'école et j'étais souvent parmi les premiers de ma classe. Notre leadeur spirituel m'adopta comme son fils et me donna les droits de ses enfants biologiques. C''était parce que mon père biologique vivait dans un autre pays et nous n'avions eu aucune nouvelle de lui ni ne savions de quel côté il se trouvait. J'allai pour ainsi dire vivre avec lui et entrai ainsi dans un environnement presque idéal pour mon progrès spirituel. J'entrai au collège.

En sixième, j'obtins une bourse de 10 000 frs et l'apportai immédiatement à mon père qui l'éleva et la donna à Dieu. Spirituellement, je me portais bien et sur le plan scolaire, je travaillais bien. En troisième, je fus le premier de ma classe pendant deux trimestres et deuxième à l'autre trimestre. C'est alors que je rétrogradai dans mon cœur. Je me mis à convoiter le style de vie que je voyais mes camarades d'école mener. Dans mon cœur, je me mis à désirer le péché. Je me mis à avoir envie de relations sexuelles illicites. Je voulais avoir une petite amie comme mes camarades. Je me mis à vouloir être riche et populaire parmi mes camarades. Je rétrogradai dans ma relation avec Dieu. Je réalisai que je commençais à être troublé en présence d'un certain type de personnes. Ceux qui aimaient le Seigneur radicalement et totalement commencèrent à me troubler par leur présence. Je me mis à craindre la présence de mon père et évidemment, j'évitais tout contact avec lui, excepté ceux auxquels il n'était pas possible d'échapper. Je changeai de compagnie. Je me souviens qu'un de mes amis qui n'était pas un croyant né de nouveau, mais qui m'admirait pour ma prise de position et mon zèle pour Dieu, me dit qu'il n'aimait pas ce que j'étais en train de devenir, et là sur le champ, un nouvel ami que j'avais commencé à me faire me dit qu'il aimait ce que j'étais en train de devenir. Ceci me troubla, mais mon cœur s'était déjà éloigné de Dieu, et je préférai la compagnie de cet ami qui approuvait ce que j'étais en train de devenir. Je demandai finalement à quitter la maison de mon père, car je voulais vivre où je serai libre de me lancer dans une vie loin de Dieu, parce qu'il n'était pas possible de vivre activement dans le péché en étant avec mon père. Je dis à ma mère que je voulais quitter la maison de mon père adoptif. Je le lui demandai effectivement et je partis. Je me mis à élaborer des plans pour avoir de l'argent. Parce que je savais qu'on ne pouvait pas appartenir partiellement à Dieu et à ce monde, j'abandonnai totalement ce qui concernait Dieu. J'établis de nouveaux buts. Là où mes buts avaient été de faire tout pour Dieu, j'avais maintenant établi des buts pour ce qui est d'avoir de l'argent par tous les moyens possibles. Je savais qu'une petite religiosité me conduirait tout de même en enfer. Je décidai que j'allais poursuivre l'argent de toutes mes forces. Je décidai que je ne prétendrai d'aucune façon être bon. Je savais trop bien que sans une totale Seigneurie et un abandon total au Seigneur Jésus Christ, je devais aller dans le lac de feu. J'établis un but selon lequel je serai un homme riche à l'âge de vingt-deux ans. J'avais alors seize ans. Je voulais faire dans la drogue et dans n'importe quelle chose qui me rendrait riche. Je commençai à sombrer spirituellement, sur le plan scolaire et moralement. Je devins un garçon très désordonné à l'école et cette même année-là, je fus convoqué au conseil de discipline de l'école pour conduite rebelle. Ma performance chuta drastiquement. Ma mère me donna de l'argent pour constituer le dossier du 'O' Level (à peu près l'équivalent du BEPC) sur dix matières. Je constituai le dossier pour huit matières et dépensai le reste de l'argent. Dans ma convoitise de l'argent, je me mis à jouer de l'argent. Par la grâce de Dieu, je réussis au 'O' Level avec sept matières.

J'allai au lycée et je sombrai plus profondément dans le péché. Je me mis à désirer faire l'expérience de ce que c'était que d'avoir une petite amie, d'avoir des relations sexuelles avec des femmes. J'avais peur parce que je craignais les conséquences telles que des grossesses in désirées, des maladies vénériennes et la mort éventuellement. Je sombrai plus profondément dans les jeux d'argent. Ça nous arrivait de jouer de l'argent pendant douze heures non-stop, oubliant de manger et boire. C'était très vite devenu pour moi un lien. Je ne pouvais m'empêcher de jouer de l'argent. Je me mis à dérober à ma mère et partout où je pouvais sans me faire attraper. Lorsqu'elle réalisa que je n'étais plus digne de confiance, elle se mit à fermer sa chambre à clé. Je cassai le plafond de la maison, j'entrai dans sa chambre et je volai de l'argent. C'était pour pouvoir financer mes habitudes pécheresses. Je mentis aux filles, particulièrement en leur promettant le mariage pour pouvoir les avoir comme mes petites amies. Je devins un élève désordonné à l'école et me retrouvai au conseil de discipline pour la deuxième fois en deux ans. J'étais devenu si terrible que le proviseur me dit : « Nous n'allons pas de bastonner. Tes parents sont des chrétiens. Va pour qu'ils prient pour toi car maintenant, seules les prières peuvent t'aider. » J'étais désespéré et effrayé de ce j'étais devenu au fil des années.

Par les compassions de Dieu, je réussis pour entrer en Terminale. À ce point, je dois admettre que j'étais devenu totalement déçu à l'intérieur et totalement misérable. Sur le plan scolaire évidemment, j'avais chuté. J'avais tout juste été promu en Terminale. Je réussis tout juste. En raison de ma frustration, je sombrai plus profondément dans les jeux d'argent.

J'acquis le courage d'embrasser les filles et de caresser leurs corps mais j'avais peur d'aller plus loin. J'essayai de boire de la bière mais je trouvai que c'était amer et avait mauvais gout. J'abandonnai donc. Je me mis à boire du whisky et je fus pour un temps lié par cela. Mais je n'étais pas satisfait. J'essayai de fumer, mais j'étais trop conscient des risques pour la santé, et je dus abandonner. Je continuai à tricher, à mentir et à jouer de l'argent. Je dépensais de grosses sommes dans les jeux d'argent de manière à ne pas me concentrer sur le fait que j'étais en train de périr. Je poursuivis toujours mon but de gagner de l'argent par tous les moyens et je désirai maintenant commencer à faire le trafic de drogue, mais je n'y parvins pas. En Terminale, je fus une fois de plus conduit au conseil de discipline pour avoir joué de l'argent dans l'enceinte de l'école. Le proviseur me sanctionna d'une exclusion temporaire de cinq jours et me dit de venir avec mes parents au bout des cinq jours. Je m'y rendis avec ma mère et un frère de l'église qui était un enseignant dans ce lycée. Et le proviseur insulta ma mère, lui disant d'emmener son fils et de le ramener lorsqu'il aura décidé de d'arrêter de jouer de l'argent. Ce parce que le proviseur nous avait demandé durant le conseil de discipline si nous étions prêts à mettre fin au jeu d'argent, et que je dis que je ne pouvais pas arrêter parce que c'était comme de la drogue dans mon sang. Ma mère éclata en sanglot, et je me levai du bureau du proviseur et m'enfuis en courant. Je ne revins pas à la maison cette nuit-là mais j'allai plutôt jouer de l'argent jusqu'à 2 heures du matin. Ma mère appela mon père et le tint informé. J'étais terrifié. C'était comme si elle m'avait tiré dessus lorsqu'elle me dit que mon père était en train de venir me voir. J'étais effrayé parce que je savais qu'il avait Dieu. Il vint et me dit d'écrire une lettre d'excuse au proviseur. À ce point, je n'étais plus au contrôle. Les jeux d'argent avaient pris possession de moi. Je ne pouvais m'empêcher de jouer. J'écrivis la lettre et, par les compassions de Dieu, je fus réadmis à l'école. Nous avons dès l'hors continué à jouer de l'argent en brousse. Je cessai d'aller en cours et pour toute cette année de Terminale, j'assistai à vingt cours au total. Environ un mois avant le baccalauréat, je décidai que je pourrais trouver quelque paix et tranquillité pour mon âme troublée en dansant. Je me rendis dans une boite de nuit et décidai de danser. Je dansai pendant cinq heures d'affilées. Je dansai et dansai et dansai et dansai. Quelque genre de music que l'on jouait, j'étais sur la piste en train de danser. Après ça je rentrai à la maison. Pendant que je m'allongeais sur mon lit, je découvris que j'étais vide, frustré et misérable. Et une petite voix me demanda : « C'est tout ? » Je savais que c'était le Saint-Esprit. Frustré, désespéré et lié par le péché, j'allai voir ma mère et lui dit que je voulais retourner chez mon père. Elle alla rapidement le lui dire. Au cours de la dévotion familiale, il dit à mes frères et sœurs que je voulais revenir à la maison. Ils acceptèrent avec joie. Je revins à la maison, mais je ne m'étais pas encore repenti. C'était environ trois semaines avant le Baccalauréat et je n'avais pas de cahiers, je n'avais assisté à aucun cours et je ne savais rien de ce qui devait se passer durant l'examen. Papa nous envoya chez une tante dont la maison était calme pour que nous préparions le Baccalauréat. J'avais perdu l'espoir de réussir. Mon père me dit que Dieu était en train de me dire : « Donne-moi ton cœur et je te donnerai le Baccalauréat. » Dans cet état, j'hésitais toujours à abandonner la vie que j'avais menée parce que quelque part, je comprenais pleinement que je ne pouvais pas revenir à Jésus sans revenir à Lui rendre une complète obéissance de tout mon cœur et en toute chose sur une base quotidienne. J'hésitai donc de redonner mon cœur à Dieu. J'essayai de trouver un compromis où je pourrai avoir mon mot à dire sur les choix de ma vie, mais je savais au fond de moi qu'un tel état de choses n'a pas de place dans le royaume de Dieu. Je connaissais trop bien l'histoire du jeune homme riche. Ma mère m'aida à réviser avec mon petit frère qui était au même niveau que moi. Ils me firent répondre à plusieurs questions d'examen en utilisant les cours de mon petit frère. Nous composâmes le Baccalauréat et commençâmes à attendre les résultats. Quelque part durant l'attente, je n'en pouvais plus et je dis à Dieu : « Je te donne mon cœur O Dieu ! De grâce, donne-moi le Baccalauréat. » Je dis à ma mère que je voulais me repentir. Elle me donna le livre intitulé « LA VRAIE REPENTANCE. » Je lus le livre en tout quatre fois. Dans le livre, l'auteur explique le chemin de retour à Dieu. Par souci de clarté, je vais expliquer chaque étape tel que je l'avais lu et comment cela m'avait affecté.

Dans le livre, l'auteur souligne sept étapes vers la vraie repentance, par opposition à la fausse repentance qui n'apporte aucun changement.

1. Il dit qu'il faut une connaissance du péché selon Dieu. C'est-à-dire qu'on doit voir et connaitre le péché tel que Dieu le connait. Puis il poursuivit en expliquant ce qu'est le péché. Ici, deux aspects touchèrent mon cœur. Le premier aspect est que je réalisai que tout péché était premièrement et avant tout contre Dieu. Et que Dieu est Le premier qui a souffert des péchés que j'ai commis. Il dit que le péché c'est enfoncer un couteau dans le cœur de Dieu. Ceci me frappa profondément. C'est pourquoi je vis, du moins en partie, l'horreur de ce que j'avais fait à Dieu par mon immoralité sexuelle, mes vols, ma tricherie, mon mensonge, mes vagabondages, ma rébellion, l'amour du monde, l'amour des choses qui sont dans le monde et mon asservissement à une vie où j'essayais de me gratifier moi-même. Ceci me causa un profond chagrin à l'intérieur et je pleurai amèrement devant Dieu pour mes péchés.
2. Il dit qu'il faut une tristesse selon Dieu à cause du péché. Ayant eut une vision momentanée de ce que le péché fait à Dieu, je fus profondément triste de ce que j'avais fait à Dieu et à l'homme. Ce qui me fit pleurer amèrement.
3. Il dit qu'on doit confesser le péché à Dieu en détail tel que Dieu le connait et que cette confession du péché selon Dieu signifie que tu confesses les péchés tels que Dieu les connait sans essayer de cacher aucun fait. Je me mis à confesser mes péchés à Dieu. J'écrivis dans un cahier tous les actes de péché dont je pouvais me souvenir. J'écrivis à mon père et lui confessai tous les péchés que j'avais commis. Après un certain temps, je me souvins davantage des péchés que j'avais commis et j'allai de nouveau auprès de lui et les lui confessai. Plus tard, je me rendis encore auprès de lui et lui confessai davantage de péchés avec plus de détails après les avoir confessés à Dieu. Je continuai de confesser les péchés tels que je m'en souvenais

et au fur et à mesure qu'ils m'apparaissaient. Puis je confessai mes péchés à ceux contre qui je les avais commis. Je confessai à ma mère les choses que je lui avais dérobées : les draps, les rideaux, les appareils ménagers et l'argent. Je lui confessai les mensonges que je lui avais dits et les immoralités de ma vie. Je confessai à mes oncles et tantes à qui j'avais dérobé. Je confessai à mes frères et sœurs les vols que j'avais commis à leur encontre et mes autres péchés contre eux.

4. Puis il dit qu'il faut qu'il y ait un abandon du péché selon Dieu. Il doit y avoir une séparation de tout acte, toute compagnie et tout lieu de péché. J'écrivis immédiatement aux filles que j'appelais mes « petites amies » et leur dit : « Chère ennemie, la vie que nous avons été à mener est une vie de péché devant Dieu, et c'est terminé aujourd'hui. S'il te plait, pardonne-moi car cette vie a également été un péché contre toi. La relation est terminée à partir de maintenant. Je t'exhorte à faire ce que j'ai fait et d'être en règle avec Dieu. » Je me séparai de mes amis avec lesquels j'avais l'habitude de jouer de l'argent et je n'allai plus jamais près des endroits où j'avais l'habitude de jouer. Je me séparai des amis avec lesquels j'avais l'habitude d'aller en boite de nuit et j'arrêtai de les voir. Je me fis de nouveaux amis qui marchaient avec Dieu.
5. Il dit qu'il faut une restitution pour les péchés commis. Il dit que la personne qui veut vraiment se repentir doit mettre en ordre ce qu'il avait gâché autant qu'il est humainement possible de le faire. Je fis une liste de personnes de qui j'avais volé et les montants que j'avais volés. Je confessai à ceux à qui j'avais fait du tort et leur remboursai ce que j'avais dérobé. Pour certains, je multipliai la somme par quatre et la leur remboursai. Jusqu'à présent, je n'ai pas encore totalement restitué J'ai encore la liste et je continue à prier afin que Dieu pourvoie aux moyens nécessaires pour que je restitue totalement. Pendant que j'étais en train de confesser à ma mère et de restituer, je lui dis que c'était pénible. Elle dit que ceux à qui j'avais fait du tort avait

également été en peine quand je leur avais fait du tort. Je suppliai les filles à qui j'avais promis le mariage de me pardonner et de me libérer. Je priais continuellement pour elles pour qu'elles se marient et, par la miséricorde de Dieu, elles sont toutes mariées.

6. Puis il dit qu'ils doivent rechercher le pardon de Dieu. Je demandai alors au Seigneur de me pardonner et Il le fit.
7. Puis il dit qu'il faut rechercher la restauration dans le cœur de Dieu. Je demandai au Seigneur de me restaurer dans Son cœur. Je savais que Dieu n'était pas obligé ni de me pardonner, ni de me restaurer dans Son cœur. Je plaidai pour qu'Il me pardonne, me purifie et me restaure. Après cela, j'eus l'assurance d'avoir été pardonné et restauré.

Je me mis à nouveau à marcher avec Dieu. Dieu me bénit avec une merveilleuse épouse. Je suis doucement en train d'entrer dans une joie qui est au-delà de pulsion externes. C'est ainsi que j'en suis venu à connaitre Jésus.

Pris sur https://ztfministry.org/fr/tracts-salvation/968-comment-j-ai-rencontre-jesus-le-temoignage-de-la-conversion-de-watchman-ndinteh

Voilà le témoignage résumé de ma naissance en Christ.

A la suite de ces témoignages, sache que Jésus t'aime. Il hait les péchés dans lesquelles tu vis mais il t'aime. Il veut que tu viennes à lui tel que tu es. Saisi cette opportunité et réconcilie toi avec ton créateur. Il t'aime et veux que tu reviennes à lui.

Si toi aussi tu veux connaitre une relation personnelle avec Jésus comme ceux-ci, alors lis ce qui suit :

Urgent

As-tu déjà ouvert ton cœur au Seigneur Jésus-Christ ?

As-tu déjà fait la paix avec le Sauveur Jésus-Christ ?

As-tu déjà eu une rencontre avec le ROI de gloire Jésus-Christ ?

Si ta réponse est « non » alors je t'invite à tout arrêter et à considérer l'amour de Dieu pour toi puis à faire ce que romains10 :9-10 **« Si tu confesses de ta bouche le Seigneur Jésus, et si tu crois dans ton cœur que Dieu l'a ressuscité des morts, tu seras sauvé. Car c'est en croyant du cœur qu'on parvient à la justice, et c'est en confessant de la bouche qu'on parvient au salut, »**, et toi qui vis dans le péché, permet moi de te dire que tu te fais du mal à toi-même et à ta progéniture, je te prie maintenant de mettre fin à ce péché sinon il va te conduire à la mort ; ne pense pas que Dieu ne peux plus te pardonner, regardons ce que la Bible dit **« Si nous confessons nos péchés, il est fidèle et juste pour nous les pardonner, et pour nous purifier de toute iniquité. »** 1jean1 :9 version louis segond ;

Alors je t'invite à prier avec moi **« Dieu je reconnais que j'ai péché contre TOI et je le regrette sincèrement, je te supplie de me pardonner toutes mes péchés et de me purifier de toute iniquité, Seigneur Jésus je t'ouvre la porte de mon cœur, Seigneur Jésus je confesse que tu es le Seigneur de ma vie et je crois que Dieu t'a ressuscité des morts, réconcilie-moi avec Dieu je t'en supplie au nom de Jésus ; merci Seigneur Jésus de changer ma vie et de faire de moi une habitation du Dieu vivant. Amen »**

Si tu as été sincère lorsque tu priais alors tu vas ressentir une paix profonde au fond de ton cœur, bref une joie qui envieilli ton être, tu vas te ressentir libérer ; et si tu ressens cela gloire à Dieu et alléluia partage ton témoignage avec quelqu'un d'autre et aussi avec moi et je rendrais grâce à Dieu à ton sujet.

Il n'y donc pas de miracle authentique sans la rencontre avec le Seigneur jésus-Christ.

Le face à face

Le face à face qu'est-ce que c'est ? lisons genèse 2 :7 **« L'Eternel Dieu forma l'homme de la poussière de la terre, il souffla dans ses narines un souffle de vie et l'homme devint un être vivant. »** versions louis segond

Pour commencer, je voudrais te rappeler que la bible à l'origine n'avait pas été écrit en français ni en anglais mais en grec et hébreu ; et cela a juste été traduire en d'autres langue. Sans toutefois porter critique à la langue française, nous savons tous que la langue française est bien limité et parfois emprunte les mots d'une autre langue pour expliquer certaine situation ; en plus, la plupart de ceux qui ont traduit la bible en français était des religieux.

Nous allons examiner deux mots dans ce passage de genèse 2 :7, **« souffla où souffler »** et **« narines »**

- Souffler, le mot Original : נפח,

  Sa Translitération : nâphach,

  Sa Phonétique : naw-fakh'

  Et ses différentes définitions : respirer, souffler, renifler, bouillir, abandonner ou perdre (vie)

  (Qal) respirer, souffler

  (Pual) à souffler

  (Hiphil) pour faire expirer

  Définition de Strong: une racine primitive; gonfler, dans diverses applications (littéralement, gonfler, souffler fort, disperser, allumer, expirer; au figuré, désestimer): - souffler, respirer, abandonner, faire perdre [la vie], bouillonner, priser.

  Sur toutes ces définitions, ceux qui l'ont traduit en français ont choisi « à souffler » oui parce que la bible nous dit que Dieu est Esprit, humainement parlant comme un vent, lorsque le vent souffle tu ne sais là où il vient ni là où il va, tu ne peux non plus le saisir mais tu vois juste ses effets

- Narines, le mot Original : אף

  Sa Translitération : 'aph

  Sa Phonétique : af

  Et ses différentes définitions : narine, nez, visage

  Colère

  Définition de Strong: à partir de H599; correctement le nez ou la narine; d'où le visage, et parfois une personne; aussi (de la respiration rapide de la passion) ire: - colère (-gry), + avant, visage, visage, + indulgence, front, + [longue-] souffrance, nez, narine, museau, X digne, colère

  Sur toutes ces définitions, ceux qui ont traduit la bible en français ont choisi « narine », mais moi à la place de « narine » je préfère « face » et je vais m'expliquer.

  Dieu est Esprit et rappels toi que genèse 1 :27 dit : **« Dieu créa l'homme à son image, il le créa à l'image de Dieu, il créa l'homme et la femme. »** version louis segond, donc spirituellement parlant l'homme avait été créé dans genèse 1 :27 et dans genèse 2 :7 il est question de la matérialisation, c'est-à-dire donner un corps à l'Homme car l'Homme est esprit, il a une âme et il vit dans un corps ; j'aimerais que tu me suives bien pour ne pas mal me comprendre ; donc Dieu crée l'Homme par sa parole mais il le forme de la poussière ou en d'autre terme il utilise la poussière pour former un corps à l'Homme ; maintenant que le corps avait été formé, il fallait que l'homme qui est esprit à l'image de Dieu puisse habiter dans son corps pour pouvoir vivre sur la terre car sans un corps physique aucun esprit n'a le droit légal d'opérer sur la terre des vivants, la preuve est qu'il a fallu que Dieu se donne un corps physique pour venir sauver l'être humain.

Dieu fini de former l'Homme, il se met face à face avec le corps de l'Homme pour lui transférer son essence, pour lui transférer sa vie, pour lui transférer sa nature en lui parlant et c'est pendant que Dieu parlait au corps de l'Homme que celui-ci recevait la vie qui émanait de Dieu, qui sortait de Dieu, qui coulait de Dieu vers lui et c'est ainsi que l'Homme est devenu un être vivant ; et la bible nous dit que Dieu venait chaque soir dans le jardin d'Eden pour causer avec l'Homme ; plus l'Homme causait avec Dieu plus il recevait la vie de Dieu au point ou après sa chute il a fallu plus de 900 ans à la mort de le renverser. Pour mieux expliquer cela regardons ce que Jésus dit dans Matthieu 4 :4 **« Jésus répondit : Il est écrit : L'homme ne vivra pas de pain seulement, mais de toute parole qui sort de la bouche de Dieu. »** version louis segond, Jésus était en train de dire que le pain physique nourri le corps physique alors que la parole de Dieu nourri l'esprit de l'Homme, il montrait que la vie de l'homme dépend de la parole de Dieu, puisque l'homme a commencé à exister par cette parole et sans cette parole l'Homme est mort(la mort spirituelle).

Lisons exode33 :11 « **L'Eternel parlait avec Moïse face à face**, comme un homme parle à son ami. Puis Moïse retournait au camp ; mais son jeune serviteur, Josué, fils de Nun, ne sortait pas du milieu de la tente. » version louis segond, Nombres 12 :8 « **Je lui parle bouche à bouche**, je me révèle à lui sans énigmes, et il voit une représentation de l'Eternel. Pourquoi donc n'avez-vous pas craint de parler contre mon serviteur, contre Moïse ? » version louis segond et deutéronome34 :10 « Il n'a plus paru en Israël de prophète semblable à Moïse, **que l'Eternel connaissait face à face**. » version louis segond, ici c'est le cas de moïse serviteur de Dieu, tellement il causait avec Dieu face à face que lorsqu'il sortait de la présence de Dieu son visage brillait au point il devrait le couvrir avec du voile, il avec compris que le fait de causer avec Dieu lui procurait quelque chose que la nourriture ne pouvait pas lui donner, il savait que le fait de causer avec Dieu donnait plus de vie à son esprit pour prendre le

dessus sur son corps, tellement il recevait la vie de Dieu qu'à 120 ans il était toujours très vigoureux près à continuer de vivre ; il a fallu que Dieu lui-même lui dise mon serviteur c'est bon pour toi ici, tu vas mourir, tu ne dois pas entrer dans la terre promise, oh moïse tu es fort, Seigneur donne-moi de comprendre ce secret ! est-ce que tu sais que Enoch avait compris cela ? lisons ce que la bile dit **« Hénoch marcha avec Dieu; puis il ne fut plus, parce que Dieu le prit. »** genèse 5 :24 version louis segond.
Oh que c'est fabuleux toutes ses vérités, Seigneur donne nous de comprendre et de les mettre en pratique au nom de Jésus amen.

Comment avoir la face à face avec Dieu ?

Le face à face est la deuxième clé d'un miracle authentique ; mais comment avoir le face à face avec Dieu ? regardons ce que la bible dit dans jean1 :1 « Au commencement était la Parole, et la Parole était avec Dieu, et la Parole était Dieu. » version louis segond, la parole était Dieu ce qui veut dire que puisque Dieu est Esprit la meilleur façon de faire le face à face avec lui, c'est de faire le face à face avec sa parole, et comment donc faire le face à face avec sa parole ? lisons ce que la bible dit dans Josué 1 :8 **« Que ce livre de la loi ne s'éloigne point de ta bouche ; médite-le jour et nuit, pour agir fidèlement selon tout ce qui y est écrit ; car c'est alors que tu auras du succès dans tes entreprises, c'est alors que tu réussiras. »** version louis segond, lorsque tu passes du temps dans la parole de Dieu, l'étudiant, la méditant et la lisant tu sors de la avec un trésor, avec la solution à ton problème ; ce passage nous montre que le succès dans tes entreprise dépend de trois choses : premièrement la parole de Dieu ne doit jamais s'éloigner de ta bouche, tu dois la lire constamment et continuellement ; deuxièmement médite-le jour et nuit et enfin la mettre fidèlement en pratique. Dieu n'est pas un marabout et il ne fait rien sans sa parole.

Plusieurs veulent avoir du succès mais en s'éloignant des principes du vrai succès, un succès authentique est un succès qui a pour fondation Dieu, le succès est comme une maison et nous savons que la maison c'est sa fondation ; si la fondation d'un immeuble est mal fait je parie que personne n'aimerait vivre dans un tel immeuble même si les finitions ont très bien réussi ; c'est juste question de temps et cet immeuble va s'écrouler. Le face à face avec la parole de Dieu produit le succès.

Examinons un autre passage, Psaumes1 :1-3 **« Heureux l'homme qui ne marche pas selon le conseil des méchants, Qui ne s'arrête pas sur la voie des pécheurs, Et qui ne s'assied pas en compagnie des moqueurs, Mais qui trouve son plaisir dans la loi de l'Eternel, Et qui la médite jour et nuit ! Il est comme un arbre planté près d'un courant d'eau, Qui donne son fruit en sa saison, Et dont le feuillage ne se flétrit point : Tout ce qu'il fait lui réussit. »** version louis segond, dans ce passage nous notons que le face à face avec Dieu procure le bonheur ; imaginez un arbre planté près d'un courant d'eau, il ne connait pas de sècheresse, il ne connait pas les saisons, aucune saison ne lui impose son rythme de vie, mais il donne son fruit en sa saison, son feuillage ne se flétrit point ; le face à face avec la parole de Dieu te donne ton indépendance des circonstances et des situations ; tu deviens maitres des circonstances et maitre des situations, il te fait régner avec Christ alléluia !

Psaumes 119 :10-12 **« Je te cherche de tout mon cœur : Ne me laisse pas égarer loin de tes commandements ! Je serre ta parole dans mon cœur, Afin de ne pas pécher contre toi. Béni sois-tu, ô Eternel ! Enseigne-moi tes statuts ! »** tu dois devoir faire ce face à face de tout ton cœur sinon tu ne seras pas en contact avec la vie qui est encapsulé dans la parole de Dieu, et si tu n'es pas en contact avec la vie qui se trouve dans la parole de Dieu tu ne pour jamais être transformé. Le psalmiste avait eu cette expérience avec la vie qui se trouve dans la parole de Dieu, lisons ce qu'il dit dans Psaumes 119 :129-131 **« Tes préceptes sont admirables : Aussi mon âme les observe. La révélation de tes paroles éclaire, Elle donne de l'intelligence aux simples. J'ouvre la bouche et je soupire, Car je suis avide de tes commandements... »** il n'y a qu'un homme qui a eu un vrai face à face avec Dieu au travers de sa parole qui peut faire de telle déclarions

Tu es un signe et un prodige

Définition (dictionnaire biblique)

- Un signe, une marque, un témoignage
    a. Ce par quoi une personne ou une chose se distingue des autres et qu'elle est connue
    b. Un signe, un prodige, un présage, c'est à dire une chose non usuelle modifiant le cours habituel de la nature
        i. De signes présageant d'événements remarquables qui doivent bientôt arriver
        ii. De miracles et merveilles par lesquels Dieu authentifie les hommes qu'il envoie, ou par lesquels les hommes prouvent que la cause qu'ils plaident est celle de Dieu
- Ce terme, dans nos traductions françaises, correspond d'une manière générale à l'hébreu *ôt* et au grec *sèméïon*. On le considère couramment comme l'équivalent de « miracle ». Mais les deux notions ne se recouvrent pas. Le « signe » n'est pas nécessairement un miracle ; il désigne une manifestation particulière de la volonté de Dieu, qui doit être interprétée par ceux à qui elle s'adresse. Genèse 9.12, l'arc-en-ciel est présenté comme « signe d'alliance », de même la circoncision (Genèse 17.11), le sabbat (Exode 31.13). Tout ce qui atteste ou rappelle une intervention révélatrice ou rédemptrice est un « signe » (cf. Exode 3.12). Le miracle, la prévision de l'avenir, etc. sont des signes accréditant le message des prophètes. Aussi les signes sont-ils souvent imités par les faux prophètes (Deutéronome 13.2 ; Exode 7.11 ; Apocalypse 12.1 ; Apocalypse 13.13). Dans le ministère des prophètes le sens du signe s'élargit jusqu'à comprendre la vie entière de l'homme de Dieu. Ésaïe ne se borne pas à fournir à l'occasion un signe de la part de Dieu (Ésaïe 38.22 parallèle 2 Rois 20.8 et suivant ; mais aussi il devient lui-même, ainsi que les siens, un signe de la part de Jéhovah (Ésaïe 8.18) ; de même Ézéchiel 12.6-11 ; Ézéchiel 24.24. Le signe

suprême de l'Éternel est l'accomplissement de son salut : c'est par la volonté et le pouvoir de sauver que se révèle la nature de Dieu.

Dès lors il est naturel que dans le Nouveau Testament la notion du signe, bien qu'associée au miracle, ait une extension plus grande. La tendance des contemporains de Jésus est de ne voir le signe que dans le miracle, et par suite de rechercher dans le miracle même l'élément prodigieux. Au contraire, Jésus souligne ce qui dans le miracle révèle le caractère de Dieu (miséricorde, vie, pardon) et par suite illustre sa propre mission de Sauveur. Pour Jésus le miracle est un signe parce qu'il est une œuvre, c'est-à-dire ce qui porte le cachet de l'ouvrier. Plutôt qu'à des preuves matérielles, qui ne persuaderaient pas les esprits prévenus, Jésus fait appel aux données de la Révélation : « Ils ont Moïse et les prophètes... » (Luc 16.29-31). Il refuse d'accorder des signes de nature cosmique, réclamés par les pharisiens et les Sadducéens. Ceux-ci, fidèles à leur tendance rationaliste, demandent un signe venu du ciel ; typiques représentants de leur « génération méchante et adultère », ils sont capables de prédire le temps, mais non point de distinguer les signes annonciateurs de l'avènement du Christ : ils n'auront pas d'autre signe que celui de Jonas, prédicateur de la repentance pour les Ninivites, qui acceptèrent ses appels, comme plus tard les Gentils accepteront le salut (Matthieu 16.1 ; Matthieu 16.4, cf. Marc 8.11 et suivant, Luc 11.29-32). L'accent porte donc sur l'ensemble de la mission du prophète. D'autres voient ici surtout une prédiction de la résurrection, dont l'épisode du grand poisson serait l'image ; mais Matthieu 12.40 (cf. Luc 11.30) peut aussi n'être que l'explication du signe, aperçue après l'événement (cf. Jean 2.22). Le 4e Évangile emploie exclusivement le grec *sèméïon*, au sens de signe, pour désigner les miracles de Jésus (Jean 2.11-18-23 ; Jean 3.2 etc.), au lieu du terme des Évangiles synoptiques : *dunamis* (signifiant : puissance).

Dans l'Église apostolique, signe, miracle, prodige tendent à se confondre (Actes 4.16 ; Actes 6.8 ; Actes 8.6-13 ;

2 Corinthiens 12.12). Dans le langage apocalyptique le signe est tantôt une apparition dans le ciel (signe du Fils de l'homme se confondant avec l'annonce de sa seconde venue, Matthieu 24.30), tantôt un phénomène cosmique révélateur (Apocalypse 12.1)

Je résume en disant ceci : les signes annoncent Dieu ou annoncent la présence de Dieu alors que les prodiges démontrent Dieu ou démontrent le caractère de Dieu.

Que veut dire être un signe et un prodige ?

Esaîe8 :18 **« Voici, moi et les enfants que l'Eternel m'a donné, Nous sommes des signes et des présages en Israël, De la part de l'Eternel des armées, Qui habite sur la montagne de Sion. »** version Louis Segond

La bible nous dit clairement que toi et tes enfants que l'Eternel t'as donné, vous êtes des signes et des prodiges pour l'Eternel là où vous êtes. En d'autres termes vous annoncez la présence de Dieu partout où vous vous trouvez ; lorsqu'on vous voit, on doit avoir la certitude que Dieu est là ; à votre approche on doit sentir la présence de Dieu remplir les lieux ; vous démontrez le caractère de Dieu, on doit voir le caractère de Dieu au travers de vous ; dans ce que vous fait et dans ce que vous dite, vous imposez le respect de Dieu dans votre lieu de service, dans votre établissement bref dans votre entourage.

Je me souviens lorsque j'étais encore à l'université en quatrième année, un jour nous étudions au laboratoire avec des camarades de classes ; puis ils ont commencé à faire des commentaires sur la pornographie et ils se plaisaient dans commentaires immoraux mais moi dans la sale j'étais très mal à l'aise en écoutant ses choses horrible qui souillaient mon esprit et je leur ai demandé d'arrêter de faire de tel commentaires et que nous sommes là pour étudier ; à ma grande surprise ils dit « ah pasto laisse nous ca tu veux dire que cela ne te plaire pas aussi et si tu veux on va même te montrer une vidéo pornographique » ; en disant cela ils ont plutôt réveillé la présence de Dieu en moi et j'ai dit : « ok, vous l'aurez voulu » j'ai libéré l'espace sur la table ou j'étais et j'ai transformé la table en tam-tam et je me suis à frapper sur la table très fort de manière à faire bien du bruit ; et c'est le délégué de la salle qui s'est levé pour demander aux camarades d'arrêter de faire de telle commentaire en ma présence et lorsqu'ils ont arrêté le délégué m'a dit : « pasto c'est bon nor ? s'il te plait tu peux te calmer ? » et j'ai aussi arrêté de faire du bruit et depuis ce jour ils ont appris qu'en ma présence on ne dit pas des choses qui ne glorifient pas Dieu.

Oui tu dois apprendre à imposer la présence de Dieu à ton entourage selon le degré d'influence que tu as sur cet entourage-là. Regardons ce que la bible nous dit du grand prophète Samuel dans 1 Samuel 16 :4-5 **« Samuel fit ce que l'Eternel avait dit, et il alla à Bethléhem. Les anciens de la ville accoururent effrayés au-devant de lui et dirent : Ton arrivée annonce-t-elle quelque chose d'heureux ? Il répondit : Oui ; je viens pour offrir un sacrifice à l'Eternel. Sanctifiez-vous, et venez avec moi au sacrifice. Il fit aussi sanctifier Isaï et ses fils, et il les invita au sacrifice »** version Louis Segond, la bible dit que lorsque Samuel est allé à Bethlehem, à son arrivé, les anciens de la ville ont accouru au-devant de lui, ils n'ont pas seulement accouru au-devant de lui mais ils étaient tous effrayés et ils savaient que la présence de Samuel annonce toujours quelque chose, soit de bien ou de mal ; les anciens de Bethlehem savaient très bien que Samuel était un signe et un prodige pour l'Eternel partout où il allait.

La présence de Samuel annonçait la présence de Dieu, sa présence démontrait le caractère de Dieu, la bible dit de lui que Dieu ne laissait aucune de ses paroles tomber à terre, wouao !

Je me souviens un jour une petite sœur à moi dans la foi m'écrit sur WhatsApp qu'elle a besoin de prière que je prie pour elle, alors j'ai décidé de l'appeler pour mieux m'enquérir du sujet ; et pendant que nous échangeons elle m'a fait savoir qu'elle était enceinte et après une chute elle a eu des saignement puis elle a fait appel à sa maman qui lui a demandé d'aller vite à l'hôpital, ce qu'elle a fait et à l'hôpital les sages-femmes lui ont fait savoir que s'était une fausse couche qu'elle avait perdu le bébé, mais elle ne voulant pas accepter cela décida d'aller rencontrer son gynécologue et il lui a recommandé de faire une échographie, ce qu'elle a fait et l'échographie montrait qu'elle n'avait plus le bébé dans son ventre et le gynécologue lui a donné un autre rendez-vous ou en venant elle a fait une autre échographie et le gynécologue lui a dit qu'elle n'est pas enceinte et elle insistait qu'elle est enceinte et son gynécologue lui a dit qu'elle faisait une grossesse psychologique et il lui a donné un autre rendez-vous disant que si ses menstrues ne sont pas revenu à cette date qu'elle vienne et il va lui prescrire un médicament pour faire revenir ses menstrues ; et pendant qu'elle m'expliquait tout cela j'ai sentir des battements sur mon ventre et je lui ai demandé si on pouvait prier maintenant par téléphone ? elle m'a dit oui et je lui ai demandé de poser sa main sur son ventre et elle l'a fait ; au moment au je voulais prier j'ai eu une parole de connaissance et j'ai commandé à son bébé qui était sur l'autel du sacrifice de revenir dans son ventre et que j'échange ce bébé par le sacrifice de Jésus ; lorsque nous avons fini de prier je lui ai demandé comment elle se sentais ? elle m'a dit qu'elle a ressentir des battement dans son ventre pendant que je priais pour elle et je lui ai dit c'est fait va a ton prochain rendez-vous et apporte moi les bonne nouvelles ; quelques jours plus tard, elle m'écrit disant j'ai une bonne nouvelle à t'annoncer grand frère et je lui ai dit quoi ? et elle me dit à mon rendez-vous fait un autre échographie et mon gynécologue dit que je suis redevenu enceinte. Alléluia ! alléluia !! alléluia !!! à notre Dieu soit toute la gloire et à lui seul.

Seul celui qui fait le face à face avec Dieu vivra la réalité du fait qu'il est un signe et un prodige dans son entourage de la part de l'Eternel, les personnes comme Moïse car voici ce qu'il dit dans deutéronome 7 :19 « Souviens-toi des grandes épreuves que tes yeux ont vues, des miracles et des prodiges, de sa force et sa puissance lorsqu'il t'a fait sortir d'Egypte. C'est ainsi que l'Eternel, ton Dieu, agira envers tous les peuples que tu redoutes. »

Il y a quelque semaines une sœur m'envoie un message disant qu'elle est allée faire l'échographie car elle est enceinte et à terme et les sages-femmes lui ont dit qu'elle allait accoucher par césarienne parce que selon les resultats de l'échographie le placenta va sortir avant l'enfant si on tente de lui faire accoucher par voie basse ; j'ai pris le téléphone et je l'ai appelé pour qu'on pris et lorsque nous avons fini de prier par téléphone je lui ai demandé combien coutait une échographie et elle m'a dit 6000 FCFA et je lui ai dit va refaire l'échographie avant de voir le gynécologue car elle voulait rencontrer son gynécologue ; mais elle n'a pas obéi elle est allé voir son gynécologue avec l'échographie qu'elle avait et son gynécologue lui a demandé d'aller refaire une autre échographie et de venir avec (je rappelle que comme Dieu avait ouvert la bouche de l'âne pour parler à Balaam, c'est ainsi que Dieu a utilisé la bouche de son gynécologue pour confirmer ce que le serviteur de Dieu lui avait demandé de faire) ; elle est parti refaire l'échographie et revenir voir son gynécologue qui lui annonce que tout va bien qu'elle allait très bien accoucher et par voie normale. Alléluia que toute la gloire revienne à notre Dieu.

Psaumes 71 :7 « **Je suis pour plusieurs comme un prodige**, Et toi, tu es mon puissant refuge. », eh oui tu es pour plusieurs comme un prodige, comme celui qui annonce le caractère de Dieu, oui les gens doivent être étonné à ton sujet ; ils doivent se poser des questions sur toi pour savoir si tu es toujours un homme comme eux ou pas ? un jour après avoir dit à une dame qui traversait des moment difficile la conduite à tenir en lui donnant les détail des événements qui allait se dérouler dans sa vie pendant son séjour dans la ville où elle était allé pour une mission, lorsque les chose se sont produite comme je lui avais dit, elle m'a écrit me demandant qui je suis réellement ; en voici ses propos : **« Toi Marcel tu es qui? »** et voici ma réponse : **« Fils de Dieu, humble serviteur du très haut »** et elle s'est écrié **« Vraiment, Je t'aime beaucoup d'un amour sincère et**

fraternel », elle était dépassé, j'étais devenu à ses yeux comme un prodige et depuis ce jour cette dame m'appelle « tonton marcel » ; oui tu es un signe et un prodige dans ton entourage de la part de l'Eternel.

Un jour j'ai prié pour une sœur qui était enceinte suite à un songe que j'ai eu et des informations que sa sœur (après mon songe) m'a communiqué que plusieurs frères faisaient des songes ou on voyait cette sœur mourir lors de l'accouchement ; je l'ai appelé et nous avons échangé au téléphone puis j'ai prié pour elle, et lorsque je priais pour elle, je l'ai suivi pleurer au bout du fil, à la fin de la prière je lui ai dit que tout allait bien et qu'elle allait très bien accoucher et gloire à Dieu elle a accouché sans complication et le soir du jour où elle avait accouché sa maman qui est aussi une maman à moi m'appelle pour bénir le nom du Seigneur pour sa grâce qu'il y a sur ma vie et elle me dit : « ma fille m'a dit que lorsque tu as prié pour elle le bébé a bougé dans son ventre », wouao quel Dieu nous servons, la bible dit que la voie de l'Eternel fait enfanter les biches, eh oui c'est un prodige et cela vient de l'Eternel.

Si tu es enfant de Dieu alors arrête de te sous-estimer, crois en la parole de Dieu, mets cette parole en toi en abondance et non seulement cette parole va te transformer en un signe et un prodige, elle emmènera les Hommes à s'interroger à ton sujet parce qu'ils seront frappé d'admiration par ce qui coule de ta vie, une eau vive qui détruis la stérilité et qui rend fécond ce qui était stérile ; ceci me rappelle une merveille que Dieu a fait.

Un jour je me rends chez mon petit frère car nous avions cellule de prière chez et j'étais même en retard, lorsque j'arrive la prière était à la fin et c'est lui qui dirigeait la prière et il me demande de prier pour sa belle-sœur qui était venu du Gabon pour les rendre visite et il me dit pris s'il te plait que le Seigneur la bénisse avec les fruits des entrailles car c'est depuis sept ans qu'elle est marié sans enfant ; et lorsque je me suis levé pour prier j'ai demandé que nous étions en quel mois ils ont répondu le septième mois et je me suis mis à prier ainsi : « Seigneur nous sommes le septième mois et elle a fait sept ans de mariage sans enfants, de même qu'après neuf mois une femme enceinte donne naissance à un miracle appelé bébé, je déclare qu'avant que le neuvième mois ne finisse qu'elle soit enceinte par le miracle de Dieu au nom de Jésus » et les frères de la cellule ont crié amen puis j'ai prié en langue et nous nous sommes séparé ; un jour vers la fin du huitième mois j'ai rencontré mon petit frère qui me dit j'ai une bonne nouvelle à t'annoncer et je dis vas y raconte je t'écoute ; il me dit ma belle-sœur pour qui tu as prié pour elle est enceinte et c'est les jumeaux.

Wouao Dieu est fort, lui seul peut faire de telle chose ; est ce que tu as compris ce que le Seigneur veut te faire comprendre ? tu es un signe et un prodige, tu es un miracle ambulant, voici ce que la bible dit de toi **« Tu seras comme un jardin arrosé, Comme une source dont les eaux ne tarissent pas »** Ésaïe 58 :11. Alléluia !

Le mystère de l'honneur

Définition

L'honneur est Sentiment d'une dignité morale, estimée plus haut que tous les biens, et qui nous porte à des actions loyales, nobles et courageuses. Selon le dictionnaire des citations

L'honneur est un sentiment d'estime et de considération porté à un individu ayant une conduite digne, méritante, conforme à un certain nombre de normes d'un groupe ou d'une société. C'est un lien entre une personne et un groupe social qui lui donne son identité et lui confère le respect. Selon Wikipédia

Moi je résume cela ainsi honorer c'est reconnaitre la grâce de Dieu sur la vie de quelqu'un et se soumettre à cette grâce en détournant tes regards du physique, c'est apprécier le ministère que la personne a, c'est voir ce que les autres ne voient pas en fermant vos oreilles à ce que les gens disent sur cette personne et servir la grâce que tu as vu ; un jour un homme grimpait sur une construction et ceux qui étaient en bas criaient lui demandant de descendre, plus ils criaient et faisaient des signes de main l'homme continuait d'aller plus haut, et lorsqu'il arriva au sommet il se tourna et regarda vers le bas c'est alors que les gens ont réalisé que l'homme était soude

Comment ça fonctionne ?

Matthieu 3 :13-17 Louis Segond (LSG)

« Alors Jésus vint de la Galilée au Jourdain vers Jean, pour être baptisé par lui. Mais Jean s'y opposait, en disant : C'est moi qui ai besoin d'être baptisé par toi, et tu viens à moi ! Jésus lui répondit : Laisse faire maintenant, car il est convenable que nous accomplissions ainsi tout ce qui est juste. Et Jean ne lui résista plus.

Dès que Jésus eut été baptisé, il sortit de l'eau. Et voici, les cieux s'ouvrirent, et il vit l'Esprit de Dieu descendre comme une colombe et venir sur lui. Et voici, une voix fit entendre des cieux ces paroles : Celui-ci est mon Fils bien-aimé, en qui j'ai mis toute mon affection. »

Pour commencer je voudrais rappeler que jean baptiste était le cousin de Jésus et son ainé de six mois humainement parlant, et sur le plan ministériel jean baptiste avait commencé le ministère avant Jésus et selon le prophète Esaïe jean baptiste était la voie qui allait introduire Jésus, c'est lui qui venait préparer le chemin du Seigneur, c'est lui qui allait montrer l'agneau de Dieu qui ôte le péché du monde aux Hommes.

Jésus, bien qu'il était fils de Dieu est venu vers jean pour être baptisé, nous savons tous que Jésus était supérieur à jean baptiste, mais Jésus n'a pas laissé cette folie entrer dans sa tête celle de croire qu'étant supérieur à jean baptiste il pouvait s'en passer de jean baptiste ; non et non il est venu vers jean baptiste qui était à cette époque la voie la plus autorisé selon le ciel, qui était devenu système spirituel, jean avait démarré un ministère de réveil ; Jésus n'a pas regardé à ce que le prophète Esaïe avait dit de lui « Car un enfant nous est né, un fils nous est donné, Et la domination reposera sur son épaule; On l'appellera Admirable, Conseiller, Dieu puissant, Père éternel, Prince de la paix. » mais il a compris que l'humilité précède la gloire ; il est allé se soumettre au mouvement de réveil de jean baptiste, il est allé se soumettre au ministère de jean baptiste car il savait que sans cela son propre ministère n'allait jamais démarrer.

Remarquer une chose la bible dit « **Dès que Jésus eut été baptisé, il sortit de l'eau. Et voici, les cieux s'ouvrirent, et il vit l'Esprit de Dieu descendre comme une colombe et venir sur lui. Et voici, une voix fit entendre des cieux ces paroles : Celui-ci est mon Fils bien-aimé, en qui j'ai mis toute mon affection. »**, ça veut dire que pendant trente ans le ciel de Jésus était fermé, il a fallu qu'il honore la grâce de Dieu sur la vie de jean baptiste pour que son ciel s'ouvre ; est ce que ton problème ne vient pas du fait que tu ne veux jamais reconnaitre la grâce de Dieu sur la vie de ceux que Dieu a réellement appelé ? la bible nous dit que les pharisiens ont rendu nul les desseins de Dieu à leur égard en méprisant jean baptiste, veux-tu continuer à te comporter comme les pharisiens ou veux tu te conduire comme Jésus ? tant que Jésus ne se faisait pas baptisé par jean baptiste son ciel n'allait jamais s'ouvrir, l'esprit de Dieu n'allait pas descendre sur lui et Dieu n'allait pas donner le témoignage à son sujet.

C'est vrai beaucoup d'hommes de Dieu ont prophétisé sur toi, annonçant comment Dieu allait puissamment t'utiliser, je ne dis pas non ou le contraire, mais je veux juste te dire que si tu n'apprends pas à reconnaitre la grâce de Dieu dans la vie d'un de ses serviteur et aller honorer cette grâce ton ciel restera fermé et ton ministère ne décoléra jamais ; le mystère de l'honneur, plusieurs ratent leur meilleur en ne comprenant pas cela ou en combattant cela ; je ne parle pas d'idolâtrer un homme non et non mais de reconnaitre la grâce de Dieu sur la vie d'un homme et se soumettre pour servir, c'est en le faisant que tu vas grandir.

Le gros problème de notre génération est que nous sommes tous des patrons, des demi dieux, personne ne veut servir, tout le monde veut être servir et ceci n'est pas le modèle que le Seigneur de gloire le Seigneur Jésus nous a donné ; dis-moi si tu as été sous les gens sous et je te dirai si tu iras loin dans le ministère.

Je vais partager avec vous deux témoignages que j'ai écouté d'un homme de Dieu que j'admire et que je respecte beaucoup l'apôtre Joshua Selman.

Il y avait un homme de Dieu qui dans son assemblée chaque dimanche les enfants de Dieu rendaient continuellement témoignage de ce que Dieu a fait dans leur vie après que l'homme de Dieu ait prié pour eux, son ministère prospérait mais pourtant chez lui les choses n'allait pas bien ; un jour, après que les enfants de Dieu ont fini de rendre encore témoignage de ce que

Dieu a fait dans leur vie après que l'homme de Dieu ait prié pour eux, au moment où l'homme de Dieu était en train de prêcher la parole de Dieu, sa femme s'est levé et a pris ses choses pour rentrer à la maison ; l'homme de Dieu a fini son message et après avoir conseillé et prié pour les enfants de Dieu comme d'habitude il s'est précipité pour vite rentrer voir sa femme et savoir ce qui ne va pas ; lorsqu'il arrive chez lui il trouve sa femme à la cuisine en train de faire la cuisine et il lui demande chérie pourquoi es-tu parti de l'église avant la fin du culte ? s'il te plait si je t'ai offensé dit moi et je te demande pardon et sa femme lui répond que tout va bien ; mais l'homme de Dieu était dérangé ; lorsque sa femme a fini de faire la cuisine elle est venu bien dresser la table et à servir son mari ; et l'homme de Dieu soucieux d'apporter la paix dans son foyer dit à sa femme « chérie pourquoi es-tu parti de l'église avant la fin du culte ? s'il te plait si je t'ai offensé dit moi et je te demande pardon » et sa femme lui répond « il te plait chéri mange » ; et lorsque l'homme de Dieu a fini de manger sa femme s'est mise à genou et a dit « je ne m'adresse pas à mon mari, mais je veux parler à l'homme de Dieu » et son mari lui dit wouai chérie qu'est ce qui je va pas ? et la femme repris la parole et dit « c'est n'est pas à mon mari que je m'adresse mais à l'homme de Dieu, s'il te plait homme de Dieu mon foyer va mal, s'il te plait homme de Dieu sauve mon foyer, les chose ne vont pas bien dans mon foyer homme de Dieu, des souci financiers, des tensions s'il te plait homme de Dieu fait quelque chose » et l'homme de Dieu a prié pour elle et pour son foyer et un miracle s'est produit et le dimanche suivant la femme de l'homme de Dieu était parmi ceux qui rendait témoignage de ce que Dieu a fait dans leur vie après que l'homme de Dieu ait prié pour eux. Alléluia

Le miracle s'est produit lorsque la femme a commencé de voir en son marie l'homme de Dieu que les autres voilaient, elle a compris que la grâce de Dieu était sur son mari et elle a cessé de le voir juste comme son mari mais de reconnaitre la grâce que son mari porte et de se soumettre à cette grâce-là. Beaucoup rate le meilleur de Dieu en disant mais c'est mon mari nor ?

je le connais ; pour d'autre ils disent c'est mon fils, c'est mon petit frère, c'est un petit frère, c'est un jeune ; ils se limitent juste au physique et ne considère pas le coté spirituel, l'apôtre Paul nous dit ceci « Ainsi, dès maintenant, nous ne connaissons personne selon la chair ; et si nous avons connu Christ selon la chair, maintenant nous ne le connaissons plus de cette manière. » ; Jésus lui-même n'avait pas regardé jean baptiste selon la chair.

L'apotre Joshua Selman dit que pendant un bon bout lorsqu'il allait chez ses parents, à l'entrée de la porte il avait l'impression qu'un manteau quittait sur lui et s'accrochait au-dessus de la porte et lorsqu'il entrait dans la maison, il entrait sans ce manteau, au moment où il partait lorsqu'il est dehors il ressent comme se manteau revenir se poser sur lui et ce phénomène s'est produit pendant un bon bout de temps ; un jour lorsqu'il est allé chez eux le même phénomène s'est produit mais pendant qu'il causait avec sa mère elle lui a dit « je suis fatigué que tu sois un homme de Dieu et tu pars de lieu en lieu bénir les gens alors nous ici on souffre » et elle s'est mise à genou et dit « homme de Dieu s'il te plait pris pour moi » l'apôtre Joshua Selman dit que lorsque sa mère a fait cela il a ressentir ce manteau se posé sur lui à l'intérieur de la maison et il a imposé les mains à sa mère et a prié pour sa mère ; il dit que depuis ce jour d'après le rapport de sa mère les gens se bouscule chez eux lui demandant es-tu la mère de l'apôtre Joshua Selman ? et elle dit oui et les gens lui font des dons de plusieurs nature en lui disant « merci d'avoir mis au monde un homme qui est une bénédiction pour nous ». Alléluia

Tu vois ce que l'honneur peut faire ? c'est un mystère que si tu comprends bien cela ta vie ne sera plus jamais la même ; tous ceux qui ont appliqué cela ont toujours un témoignage à rendre.

Je partage avec vous ce que j'ai lu sur certains sites chrétiens

Pourquoi est-il important d'appliquer la loi de l'honneur dans votre foyer ? Pourquoi est-il important que vous et votre conjoint sachiez honorer vos parents mais aussi que vous enseigniez à vos enfants à le faire ?

Nous avons vu dans un article récent que, selon la pensée de Dieu, l'homme est appelé à devenir le père, la source, la fondation, le support, le protecteur, le défenseur de sa famille. Il est celui qui est considéré comme l'initiateur, le créateur, le fondateur de la famille, celui qui est l'origine, celui qui transmet. Père n'est pas qu'un titre ou un nom. C'est une position, un rang, une fonction.

La position et la fonction du père doivent être honorées. La Bible ne dit pas d'honorer l'homme, mais elle demande clairement à chacun d'honorer son père. Le titre de père se donne à quelqu'un non seulement à cause de ce qu'il fait mais aussi en raison du fait qu'il est à l'origine, à la fondation d'une famille. Celui que vous appelez père pourrait être imparfait en tant que personne. Mais s'il est votre source alors vous devez respecter sa position ; car Dieu n'a jamais dit d'aimer son père. Dieu a dit : « *Honore ton père* ».

Vous n'êtes pas père juste parce que vous avez eu un bébé. Le mot père signifie source ET support. Ne soyez pas prompt à dire que vous êtes le père de tel enfant parce que si ça se trouve, vous n'êtes finalement père qu'à moitié : vous avez pourvu la semence mais vous ne pourvoyez pas aux besoins physiques, émotionnels, spirituels, etc., de cet enfant. Vous ne supportez pas cet enfant financièrement et vous ne participez pas non plus à son développement. Vous n'avez aucune influence dans sa vie. Vous êtes un père mais qui n'assume pas ses fonctions, qui n'est pas vraiment conscient de son rang et ses responsabilités.

Honorer les pères implique que les pères peuvent également être déshonorés. Sachez que si vous déshonorez votre père, alors vous déshonorez votre source ; vous sapez et minez donc vos propres fondations. C'est pourquoi la Bible nous dit que tout homme qui déshonore son père vivra sous la malédiction. Pour imager un peu ce que je suis en train de vous dire : le père est un peu comme la racine de l'arbre. Et il y a un principe très simple : l'arbre ne sera jamais meilleur que sa racine. Si la racine a un problème, eh bien ce problème se répercutera sur le tronc, sur les branches, sur les feuilles, sur les fruits. Donc si vous maudissez votre racine, vous détruisez votre arbre. Vous êtes la branche, si vous maudissez votre racine, alors vous détruisez vos fruits. Comprenez-vous le principe ?

Ephésiens 6 : 2-3

« Honore ton père et ta mère c'est le premier commandement avec une promesse, afin que tu sois heureux et que tu vives longtemps sur la terre. »

On peut retracer pas mal de problèmes dans la famille, de dysfonctionnements dans la société simplement au fait que cette loi de l'honneur n'est pas appliquée et/ou que les pères n'assument pas leurs responsabilités par rapport à la famille qu'ils ont fondée. **La loi de l'honneur est un des piliers à poser dans la vie pour établir l'ordre intérieur. C'est l'un des piliers à poser pour rétablir l'ordre dans votre foyer. Appliquez cette loi, et enseignez à vos enfants à faire de même. Assumez vos responsabilités de père si ce n'était pas encore le cas. Vous leur éviterez bien de problèmes dans leur vie de façon générale.**

Que Dieu vous bénisse

Pris sur https://emcitv.com/mon-couple-mes-relations/texte/pourquoi-est-il-important-d-appliquer-la-loi-de-l-honneur-dans-son-foyer-26365.html

Cher Pasteur,

Comme tu le sais, Paul demande à Timothée d'être un modèle (1 Tim. 4.12). Notre comportement compte beaucoup plus que nos paroles. Aujourd'hui, je veux mettre l'honneur "*à l'honneur*".

"Par amour fraternel, soyez pleins d'affection les uns pour les autres ; **par honneur**, usez de prévenances réciproques." (Rom. 12.10)

Le mot honneur, avec ceux qui en découlent, est utilisé de bien des manières et dans des contextes très différents. Mais il véhicule toujours le sentiment de dignité, sauf peut-être dans "Marius", où Pagnol fait dire à César : *"L'honneur, c'est comme les allumettes : ça ne sert qu'une fois !"*

Avoir le sens de l'honneur, c'est être conscient de sa dignité, sans pour autant que s'y mêle un sentiment d'orgueil ; c'est avoir le respect de soi. Les mots originaux grecs qui ont été traduits par honneur ont aussi le sens de "précieux ; de grand prix". Considérer la rectitude morale, la vérité et la vertu comme choses précieuses et de grand prix, c'est avoir le sens de l'honneur. Autrefois, lors des guerres, il existait des "prisonniers sur parole". Un tel captif n'avait d'autre chaîne que son sens de l'honneur, qu'il estimait parfois plus encore que sa propre vie.

Dans la Bible, la grande majorité des allusions à l'honneur ont trait à Dieu. Des expressions comme "Rendez à l'Éternel gloire et honneur !" reviennent comme un leitmotiv. Dieu veut qu'on l'honore. Mais de quelle manière Dieu veut-il être honoré ?

Jésus, répondant aux scribes et aux pharisiens leur dit :

"Ce peuple m'honore des lèvres, mais son cœur est éloigné de moi. C'est en vain qu'ils m'honorent, en enseignant des préceptes qui sont des commandements d'hommes." (Matt. 15.8-9)

Nous savons, par le contexte, la raison de cette citation d'Ésaïe 29.13 par Jésus ; c'est la prééminence de la tradition religieuse sur la parole de Dieu :

"Car Dieu a dit : ***Honore*** ton père et ta mère ; et : Celui qui maudira son père ou sa mère sera puni de mort. Mais vous, vous dites : Celui qui dira à son père ou à sa mère : Ce dont j'aurais pu t'assister est une offrande à Dieu, n'est pas tenu d'***honorer*** son père ou sa mère. ***Vous annulez ainsi la parole de Dieu au profit de votre traditio****n*." (Matt. 15.4-6)

Ouvrons une parenthèse. Ici apparaît clairement un autre sens des mots honneur et honorer, qui est : récompenser, gratifier en signe d'estime d'un présent, ou d'une faveur, témoigner de la sollicitude. Honorer son père ou sa mère signifie dans ce texte avoir suffisamment d'estime à leur égard pour les aider matériellement. La même pensée se retrouve concernant les anciens (ou pasteurs) dans l'église :

"Que les anciens qui dirigent bien soient jugés dignes d'un ***double honneur***, surtout ceux qui travaillent à la prédication et à l'enseignement. Car l'Écriture dit : Tu n'emmuselleras point le bœuf quand il foule le grain. Et l'ouvrier mérite son salaire." (1 Tim. 5.17-18)

Les seconde et troisième phrases explicitent le sens de la première. Il s'agit d'un honoraire double, comme le précise d'ailleurs une note dans plusieurs de nos traductions.

Mais revenons à ce que dénonce Jésus comme étant le fait d'honorer Dieu des lèvres : la prééminence de la tradition religieuse sur la parole de Dieu. Nous n'en sommes peut-être pas arrivés à l'hypocrisie des scribes et des pharisiens, mais sommes-nous bien sûrs que toutes nos traditions (que j'ai souvent entendu appeler "Principes du Mouvement") ne risquent pas d'empiéter sur la parole de Dieu ? Pour ***honorer Dieu*** véritablement, ne faudrait-il pas faire un peu de ménage dans le fatras légaliste qui parfois vient se substituer à la véritable vie de l'Esprit chez les chrétiens, pour ne prendre qu'un exemple ?

Cela dit, le texte cité plus haut : "par honneur, usez de prévenances réciproques" nous montre quelle attitude nous devons avoir à l'égard de nos frères. Et cela ***par honneur.*** C'est l'*honneur* qui doit présider à mes relations fraternelles. D'abord celui que je dois à mon frère : *ma considération et ma sollicitude*. Mais aussi celui que je dois à moi-même : *ma propre dignité*. Ce faisant, je m'interdirai tout propos, toute manœuvre, toute attitude qui serait *indigne* du serviteur de Dieu que je suis.

Ne penses-tu pas que nous devons être des ***hommes et des femmes d'honneur*** ?

Jean-Claude Guillaume

Pris sur https://topmessages.topchretien.com/texte/lhonneur/

Ce qui est bien avec le mystère de l'honneur est que c'est un principe qui s'applique à tous les niveaux, la bible enseigne là-dessus très largement regardons quelques passages bibliques allant dans ce sens

1 Timothée 1:17 / LSG

« Au roi des siècles, immortel, invisible, **seul Dieu, soient honneur** et gloire, aux siècles des siècles ! Amen ! »

1 Samuel 2:30 / LSG

« C'est pourquoi voici ce que dit l'Eternel, le Dieu d'Israël : J'avais déclaré que ta maison et la maison de ton père marcheraient devant moi à perpétuité. Et maintenant, dit l'Eternel, loin de moi ! **Car j'honorerai celui qui m'honore,** mais ceux qui me méprisent seront méprisés. »

Hébreux 13:4 / LSG

« **Que le mariage soit honoré de tous**, et le lit conjugal exempt de souillure, car Dieu jugera les impudiques et les adultères. »

Deutéronome 5:16 / LSG

« **Honore ton père et ta mère**, comme l'Eternel, ton Dieu, te l'a ordonné, afin que tes jours se prolongent et que tu sois heureux dans le pays que l'Eternel, ton Dieu, te donne. »

1 Timothée 5:17-18 / LSG

« **Que les anciens qui dirigent bien soient jugés dignes d'un double honneur, surtout ceux qui travaillent à la prédication et à l'enseignement.** Car l'Ecriture dit : Tu n'emmuselleras point le bœuf quand il foule le grain. Et l'ouvrier mérite son salaire. »

Romains 13:1-7 / LSG

« Que toute personne soit soumise aux autorités supérieures ; car il n'y a point d'autorité qui ne vienne de Dieu, et les autorités qui existent ont été instituées de Dieu. C'est pourquoi celui qui s'oppose à l'autorité résiste à l'ordre que Dieu a établi, et ceux qui résistent attireront une condamnation sur eux-mêmes. Ce n'est pas pour une bonne action, c'est pour une mauvaise, que les magistrats sont à redouter. Veux-tu ne pas craindre l'autorité ? Fais-le bien, et tu auras son approbation. Le magistrat est serviteur de Dieu pour ton bien. Mais si tu fais le mal, crains ; car ce n'est pas en vain qu'il porte l'épée, étant serviteur de Dieu pour exercer la vengeance et punir celui qui fait le mal. Il est donc nécessaire d'être soumis, non seulement par crainte de la punition, mais encore par motif de conscience. C'est aussi pour cela que vous payez les impôts. Car les magistrats sont des ministres de Dieu entièrement appliqués à cette fonction. Rendez à tous ce qui leur est dû : l'impôt à qui vous devez l'impôt, le tribut à qui vous devez le tribut, la crainte à qui vous devez la crainte, **l'honneur à qui vous devez l'honneur**. »

Romains 12:9-13 / LSG

« Que la charité soit sans hypocrisie. Ayez le mal en horreur ; attachez-vous fortement au bien. Par amour fraternel, soyez pleins d'affection les uns pour les autres ; **par honneur, usez de prévenances réciproques**. Ayez du zèle, et non de la paresse. Soyez fervents d'esprit. Servez le Seigneur. Réjouissez-vous en espérance. Soyez patients dans l'affliction. Persévérez dans la prière. Pourvoyez aux besoins des saints. Exercez l'hospitalité. »

1 Pierre 2:17-19 / LSG

« **Honorez tout le monde** ; aimez les frères ; craignez Dieu ; honorez le roi. Serviteurs, soyez soumis en toute crainte à vos maîtres, non seulement à ceux qui sont bons et doux, mais aussi à ceux qui sont d'un caractère difficile. Car c'est une grâce que de supporter des afflictions par motif de conscience envers Dieu, quand on souffre injustement. »

Éphésiens 6:1-4 / LSG

« Enfants, obéissez à vos parents, selon le Seigneur, car cela est juste. **Honore ton père et ta mère c'est le premier commandement avec une promesse, afin que tu sois heureux et que tu vives longtemps sur la terre.** Et vous, pères, n'irritez pas vos enfants, mais élevez-les en les corrigeant et en les instruisant selon le Seigneur. »

Action de grâce

Définition

- L'expression « action de grâce » vient du mot hébreu "shelem" qui signifie : offrande de paix, récompense, sacrifice pour alliance ou amitié, sacrifice volontaire de remerciements, action de grâces.
- L'action de grâces est un acte de reconnaissance envers Dieu, venant du cœur et exprimé en paroles ou en actions.
- Les actions de grâces, c'est tout ce que l'on fait, dit en guise de reconnaissance pour une faveur (ou une grâce) que l'on a reçue de Dieu. L'action de grâces naît de la capacité à reconnaître, discerner ce que Dieu a fait pour nous. L'action de grâces coule de la révélation que l'on a de ce que Dieu a accompli pour nous.

Pourquoi et comment ?

Nous connaissons tous que rendre grâce à Dieu c'est lui dire merci, lui exprimer notre gratitude et d'autres disent souvent que celui qui dit merci est en train de dire je veux encore ; je voudrais aborder cet aspect-là ; en commençant regardons ce que la bible dit dans proverbes3 :5-6 « Confie-toi en l'Eternel de tout ton cœur, Et ne t'appuie pas sur ta sagesse ; **Reconnais-le dans toutes tes voies**, Et il aplanira tes sentiers. » la bible nous recommande de reconnaitre Dieu dans toutes nos voies, c'est-à-dire face à tout ce que tu veux faire, fais les éloge de Dieu, devant toute porte que tu veux ouvrir fais les éloges de Dieu devant cette porte et tu verras cette porte s'ouvrir d'elle-même, bref Dieu ouvrira cette porte que tu n'avais pas la clé à ta place.

Nous sommes prompt à nous plaindre, à pleurnicher et à poser trop de questions sans toutefois rappeler à Dieu ce qu'il a fait pour nous le matin, hier, la semaine passée, le mois passé et l'année passée ; c'est en lui rappelant ces bien faits que nous oublions la difficulté que nous faisons face, c'est en le faisant que nous déclenchons un système d'intervention divin en notre faveur sans même le savoir ; nous voulons toujours que Dieu agisse avant que nous faisons ses éloges ; imagine que tu arrives à une cérémonie ou il y a du monde et des personnalité, et subitement un jeune se lève et se met à chanter tes éloges disant « tu es le plus riche, le plus généreux, le soutient de ceux qui sont en difficulté, l'ami des jeunes » et il le fait avec une belle mélodie en esquissant des jolie pas de danse, quel sera ta réaction ? resteras tu indifférent ? non surement tu vas te lever et aller vers lui pour lui donner quelques billets de banque ; si nous les Hommes nous pouvons faire cela à plus forte raison Dieu. Dans 2 Chroniques 20 : 21 – 26, il est relaté l'histoire du roi Josaphat roi de Juda et de son peuple qui, devant une situation compliquée ou il était amené à s'engagé dans une bataille qui humainement était impossible pour lui de remporter la victoire ; mais il avait compris ce mystère ; pendant qu'ils célébraient l'Eternel en le louant par des chants, ont eu une victoire éclatante sur leurs ennemis venus en une multitude pour les combattre. Alléluia

Je vais te livrer un secret glorieux, cherche un cahier et un stylo, écris en sujets de prières ses situations accablante qui te troublent :est-ce les fruits des entrailles ? est-ce le loyer ? est-ce la guérison ? est-ce un travail ? écris tout cela sous forme de sujet de prière et dépose ; trouve un moment propice ou tu es calme, mets de la louange ou l'adoration selon ton gout, prends ta bible, danse et lis exode 15 et psaumes 136 bien sûr en dansant puis rappel à Dieu tout ce qu'il a déjà fait pour toi autant que tu peux t'en souvenir, toujours en dansant sans élever ses sujets de prières que tu viens d'écrire ; danse en disant à Dieu qui il est, fait le jusqu'à ce que tu te sens déchargé puis arrête toi et bénis son nom et si tu sens dans ton esprit l'envie de faire cette exercice encore fait le et après tu verras ce qui va se passer dans ta vie ; n'oublie pas de témoigner ce que Dieu va faire pour toi.

Maintenant j'aimerai partager avec toi des articles que j'ai lu sur des site chrétiens qui m'ont richement béni et j'aimerai que cela te bénisse aussi :

« L'action de grâce est comme un autel que l'on élève en reconnaissance des bienfaits de Dieu. L'apôtre Paul nous exhorte à ne nous inquiéter de rien mais qu'en toute chose, nous fassions connaître nos besoins à Dieu par des prières et des supplications, avec des actions de grâces (Philippiens 4 :6). Le sens de ce passage est très profond car il nous invite à accompagner toutes nos prières quelle qu'elles soient par des prières d'action de grâce. Ainsi, après chaque requête par exemple, avant même de saisir l'objet de notre requête, nous devons faire une action de grâce. L'absence d'actions de grâce peut bloquer l'exaucement à nos prières ou, s'il y a exaucement, sa concrétisation peut être bloquée jusqu'à ce qu'une action de grâce soit faite. C'est pourquoi Paul dans l'épître à Timothée, dit qu'il exhorte, avant toutes choses, à faire des prières, des supplications, des requêtes, des actions de grâces, pour tous les hommes, (1 Timothée 2 :1).

Dans 2 Chroniques 20 : 21 – 26, il est relaté l'histoire de Josaphat roi de Juda et de son peuple qui, pendant qu'ils célébraient l'Eternel en le louant par des chants, ont eu une victoire éclatante sur leurs ennemis venus en une multitude pour les combattre. L'intervention de Dieu amena les ennemis à se retourner les uns contre les autres pour s'entre-tuer. Josaphat et son peuple ramassèrent le butin de cette bataille durant trois jours (or, argent, habillement de grande valeur, etc.).

De toutes les sortes de prières qui lui sont adressées, la prière d'actions de grâce est celle qui plait le plus à Dieu : « Si j'avais faim, je ne te le dirais pas, car le monde est à moi et tout ce qu'il renferme. Est-ce que je mange la chair des taureaux ? Est-ce que je bois le sang des boucs ? Offre pour sacrifice à Dieu des actions de grâces, et accomplis tes vœux envers le Très Haut. (Psaume 50 : 12-14).

Nous avons tous des dettes d'actions de grâce par devers nous car pour

chaque bienfait que Dieu nous a accordé, nous devons en retour lui rendre grâce. Cela ouvre de nouvelles portes ou débloque des situations qui étaient bloquées.
Je me souviens d'un enfant de caractère très difficile que ses parents nous avaient confié pour son éducation. Malgré notre bonne volonté et nos prières on ne put changer le caractère de cet enfant. A notre tour nous l'envoyâmes dans une autre famille amie espérant que cette dernière pourrait amener l'enfant à changer de caractère. Ce fut peine perdue et l'enfant fut retourné à ses parents. La mère de l'enfant vint me voir pour exprimer son désespoir. Je l'exhortai à garder le courage et l'invitai à rendre avec moi grâce à Dieu pour cet enfant qu'il leur a donné. Séance tenante, nous rendîmes grâce à Dieu. Peu de temps après l'enfant vint pour nous rendre visite à la maison avec un nouvel engin que ses parents lui avaient acheté. Mon époux, le Prophète Emanuel Sawadogo qui voulait aller voir l'état d'avancement de la construction de la nouvelle église du Cimidi lui demanda de le remorquer avec son nouveau cyclomoteur pour l'amener sur le chantier : ce que l'enfant fit et ils revinrent à la maison. Au retour l'enfant fut délivré et rendit témoignage que sa délivrance est intervenue au cours du trajet lors qu'il sentit que quelque chose est sortie de lui. Depuis lors les parents de l'enfant constatèrent un changement radical dans le caractère de leur enfant et sont maintenant en paix. Ainsi suite à une action de grâce Dieu délivra l'enfant alors qu'auparavant les prières de délivrance n'ont rien pu faire.

Dans Esther 9 :17-26, il est relaté, comment après qu'ils se soient délivrés de leurs ennemis, les juifs par Mardochée, instaurèrent un jour de reconnaissance à Dieu pour une si grande délivrance qu'ils célébraient chaque année.
Des gens se sont levés en cette année 2015 pour te tuer, pour que tu ais la honte, pour te faire perdre ton emploi, pour amener la zizanie dans ton

foyer, pour détruire tes enfants, etc. ; mais Dieu t'a défendu et ne l'a pas permis. Qu'as-tu fait ou que feras-tu pour rendre grâce à Dieu.

L'action de grâce ne se fait pas les mains vides. Il faut déposer d'abord une offrande avant d'ouvrir la bouche pour dire à Dieu qu'on le remercie. David, Jacob, Noé, Abel, Abraham, Samuel ont tous posé une telle action. En effet, le prophète Samuel lorsqu'il offrit un holocauste à Dieu afin qu'il intervienne pour délivrer Israël de la main des philistins, Dieu fit tonner son tonnerre et mit en déroute les ennemis d'Israël. Ces derniers poursuivirent les philistins et les bâtirent. Ils reprirent toutes les villes que ceux-ci leur avaient prises. Samuel prit une grosse pierre et l'installa comme un autel en reconnaisse de ce que Dieu avait fait pour son peuple. Il appela cet endroit Eben-Ezer. Suite à cela, il y eut une paix entre les israéliens et les philistins (1 Samuel 7 : 9-17).
Ainsi, après ton action de grâce, Dieu te restituera ce que satan et ses démons t'avaient pris. La paix reviendra entre toi et tes ennemis. Ton action de grâce peut amener Dieu amène Dieu à se lever de son trône pour t'exaucer. Par ton action de grâce, Dieu peut t'exaucer au-delà de ton imagination.
Soyez des hommes et des femmes qui vivez en permanence dans l'action de grâce. »
Pasteur Emilie Sawadogo.

Pris sur http://monrhema.com/index.php/enseignements/textes/61-l-importance-de-l-action-de-grace

« L'expression « action de grâce » vient du mot hébreu "shelem" qui signifie : offrande de paix, récompense, sacrifice pour alliance ou amitié, sacrifice volontaire de remerciements, action de grâces.

Exode 20 : 24

24 Tu m'élèveras un autel de terre, sur lequel tu offriras tes holocaustes et tes sacrifices d'actions de grâces, tes brebis et tes boeufs. Partout où je rappellerai mon nom, je viendrai à toi, et je te bénirai.

Cette expression qui au fil du temps a pris la seule signification de "remerciements", était au départ accompagnée d'une offrande. C'est pourquoi, il convient de restituer ce qui fait la force d'une action de grâce : l'offrande.

En ce mois de constants progrès dans notre action de grâce, nous allons joindre nos paroles de remerciements aux actes. Les mots utilisés dans l'expression "actions de grâce" ont tout leur sens. Ce sont des actions que nous posons pour faire grandir la grâce dans notre vie, faire grandir la faveur de Dieu. En effet, c'est une façon pratique de montrer à Dieu que nous ne sommes pas ingrats, que nous le remercions pour ses bienfaits de l'année précédente 2016. En le faisant, nous provoquons sa faveur pour 2017.

L'action de grâce provoque la manifestation de la puissance de Dieu.

La puissance de l'action de grâce est intimement liée à la puissance de l'offrande. Le jour où j'ai compris ce qu'une offrande pouvait changer dans ma vie, effectivement ma vie financière a changé. Quand on nous demandait de semer, je penser que c'était pour Dieu que je le faisais. En réalité, vous faites des offrandes pour vous-même. Parce que donner une offrande est une opportunité unique que Dieu nous donne de semer et de récolter plus que ce que nous avons semé. Ceux qui critiquent les offrandes ne se sont jamais rendus compte d'Exode 34 : 20.

Exode 34 : 20

20 Tu rachèteras avec un agneau le premier-né de l'âne ; et si tu ne le rachètes pas, tu lui briseras la nuque. Tu rachèteras tout premier-né de tes fils ; et l'on ne se présentera point à vide devant ma face.

Je l'ai souvent dit, mais les gens me regardent souvent avec un air incrédule. Je le redis donc : "On ne vient pas adorer Dieu sans offrande". C'est pour notre bien que Dieu a donné cette instruction. Certains disent : "du coup, rencontrer Dieu devient payant ?" Non ! Puisqu'Il vous donne accès à sa présence quand même. Ce qu'Il est en train de dire ici, c'est qu'il ne faut pas rater l'opportunité de faire grandir la grâce en venant avec un "acte correspondant" à votre foi.

Confession

Je crois en la puissance de l'offrande d'action de grâce. Mon action de grâce libère la faveur de Dieu dans ma vie au nom de Jésus. »

Alain Patrick Tsengue

Pasteur, enseignant et évangéliste

Pris sur https://emcitv.com/alain-patrick-tsengue/texte/c-est-quoi-l-action-de-grace-56833.html

« L'action de grâces est un acte de reconnaissance envers Dieu, venant du cœur et exprimé en paroles ou en actions. Nous sommes aimés du Seigneur, Il nous fait des faveurs et Il nous en fera encore. En retour, Il attend de notre part la manifestation de nos remerciements, et Il nous enseigne que notre reconnaissance porte des fruits glorieux !

Jésus lui-même rendait grâces

Le soir de Pâques, Jésus a accompagné deux disciples qui se rendaient à Emmaüs. Ceux-ci ne l'ont pas du tout reconnu. Ils l'ont invité pour un repas, et Jésus a accepté. Lorsqu'ils se sont retrouvés devant la table garnie, voici ce que fit Jésus : *« Il prit du pain et après avoir rendu grâces, il le rompit et le leur donna. Alors leurs yeux s'ouvrirent… »* (Luc 24.30)

C'est par l'action de grâces, que la puissance de Dieu s'est manifestée et les yeux de ces disciples se sont ouverts mais Jésus a disparu. Les dernières paroles que ces disciples ont entendu de la bouche de Jésus, ce furent des actions de grâces.

Jésus se rend devant la tombe de Lazare mort depuis 4 jours, devant Marthe et Marie, ses sœurs dans le profond chagrin et à leur grand étonnement Jésus, commence en rendant grâces : *« Ils ôtèrent la pierre, et Jésus, levant les yeux en-haut dit : Père, je te rends grâces de ce que tu m'as exaucé…* » (Jean 11.41)

L'action de grâces a précédé le plus grand miracle de Jésus. Jésus voulait donner une leçon de foi. Il a voulu exalter la puissance de Dieu et affirmer, que même dans le deuil, nous pouvions rendre grâce à Dieu pour son grand amour. Et c'est après son action de grâce que Jésus s'est écrié : Lazare sort ! Et le grand miracle s'est accompli. Jésus a voulu nous enseigner que l'action de grâces précède l'intervention de Dieu ! Il y a certes un temps pour prier, mais le Seigneur apprécie l'action de grâce qui exprime notre foi que nous croyons que Dieu va agir en notre faveur.

Les premiers chrétiens passaient beaucoup de temps à remercier Dieu

Lorsque Jésus quitta ses disciples le jour de l'Ascension, il demanda d'attendre la venue de l'Esprit Saint et voici ce que nous rapporte Luc dans le dernier verset de son évangile : *Ils étaient continuellement dans le temple, louant et adorant Dieu.* (Luc 24.53)

Les disciples ont passé leur temps d'attente dans la louange et l'adoration. En fait, c'est ce que Dieu attendait d'eux ! Et lorsqu'ils furent tous remplis du Saint Esprit, alors ces louanges ont continué mais dans d'autres langues, avec des paroles manifestées par l'Esprit et c'est encore Luc qui nous rapporte : *Comment les entendons-nous dans notre propre langue, parler des merveilles de Dieu ?* (Actes 2.11)

J'ai constaté que la plupart des chrétiens qui ont été baptisés dans le Saint-Esprit et qui se sont mis à parler en langues, ont commencé à louer le Seigneur dans leur langue de tout leur cœur avant de louer par le parler en langues !

L'Eglise primitive passait son temps dans l'action de grâce et la louange et voilà pourquoi, elle a pu se développer rapidement : *Ils étaient chaque jour, tous ensemble, assidus au Temple, louant Dieu, et trouvant grâce auprès de tout le peuple. Et le Seigneur ajoutait à l'Eglise ceux qui étaient sauvés !* (Actes 2.46-47)

Dieu n'a pas changé ! La louange et l'action de grâces étaient une activité prioritaire dans l'Eglise ! Quand le peuple voyait ces chrétiens si heureux, il devait se poser la question : pourquoi louez-vous le Seigneur ? Et ils devaient entendre cette réponse : Il nous a tant aimé, il a donné sa vie pour nous sauver de l'enfer, il est ressuscité pour nous préparer une place, son Esprit est venu habiter en nous ! Les cœurs étaient touchés et les âmes étaient sauvées !

Dans l'Eglise primitive, la Parole de Dieu nous révèle l'importance de l'action de grâces chez les chrétiens : dans le Nouveau Testament, nous relevons 71 fois l'expression « rendre grâces » ou « action de grâces ». Et pourtant, l'Eglise a connu des tribulations, des persécutions mais l'action de grâce remplissait les cœurs !

C'est un ordre du Seigneur

Paul donne des conseils pratiques aux chrétiens mais il insiste sur un point particulier en disant : *Rendez grâces en toutes choses, car c'est à votre égard la volonté de Dieu en Jésus Christ.* (1 Thessaloniciens 5.18)

C'est la volonté expresse de notre Dieu et si Paul se permet d'insister, c'est pour attirer notre attention sur l'importance de l'action de grâces et peut-être que, même les premiers chrétiens oubliaient de rendre grâces à Dieu pour toutes choses. L'apôtre insiste en toutes choses, donc même dans nos épreuves, nos attentes, nos échecs, nos souffrances. Il sait que c'est souvent difficile aux enfants de Dieu de rendre grâces. Il sait aussi ce que produit l'action de grâces : elle ébranle le pouvoir de l'ennemi. Dans une ville africaine à majorité musulmane, deux sœurs missionnaires ont ouvert une œuvre. Les gens de la ville ont décidé d'aller vandaliser la station missionnaire. Quand les sœurs ont entendu la foule arriver, elles sont sorties devant la porte et elles se sont mises à rendre grâces à Dieu, les bras en l'air en chantant des cantiques : les assaillants des premiers rangs ont eu peur et ont reculé, ceux de derrière les poussaient et en peu de temps, ce sont les assaillants qui se battaient entre eux, laissant nos missionnaires rentrer en paix dans la station missionnaire. Oui, nos actions de grâces ébranlent nos ennemis.
Osons faire ce que dit la Parole de Dieu : rendons grâces en toutes choses et l'ennemi sera ébranlé, et il nous laissera tranquilles.

Notre travail pour Dieu doit être accompagné d'actions de grâces

Paul exhorte les enfants de Dieu à l'amour, à la sainteté et à la vie spirituelle. Et voici sa conclusion : *Et quoi que vous fassiez, en parole ou en œuvre, faites tout au nom du Seigneur Jésus, en rendant par lui des actions de grâces à Dieu le Père.* (Colossiens 3.17)

Toutes nos œuvres, nos témoignages, nos prières doivent être accompagnées d'actions de grâces. C'est un honneur de travailler pour notre Père, le Dieu de l'univers, Tout-Puissant. Quel privilège dans nos prières de parler à ce Dieu si grand ! Quel honneur d'être un ambassadeur du Christ Eternel ! Dieu nous offre ce privilège et Il souhaite que nous en soyons reconnaissants. Cette reconnaissance nous donnera de l'autorité sur le Malin, notre adversaire et celui de notre Dieu.

L'action de grâces est nécessaire pour une prière efficace

L'action de grâces ne remplace pas la prière, mais elle l'accompagne toujours et elle la rend plus efficace. Elle est in stimulant dans la foi pour obtenir des réponses de Dieu. Un enfant de Dieu peut être dans l'inquiétude ou submergé par des besoins. Voici le conseil de la Parole : *Ne vous inquiétez de rien ; mais en toute chose faites connaître vos besoins à Dieu par des prières, des supplications, avec des actions de grâces !* (Philippiens 4.6)

Pourquoi des actions de grâces ? Pour dire à notre Dieu, merci Seigneur parce que tu es attentif à mes supplications, merci parce que bientôt, tu vas me bénir ! Combien alors notre prière est agréable à Dieu et devient efficace.

L'ingratitude provoque la tristesse et la colère de Dieu

Quelle ingratitude chez les dix lépreux qui ont été guéris ! Jésus aura cette parole pleine de tristesse : *Et les neuf autres, où sont-ils ?* (Luc 17.17)

Un seul était revenu vers Jésus, et tombant sur sa face, il lui rendit grâce ! Quoi de plus normal que de rendre grâce à Dieu pour chaque bénédiction

Dieu n'est pas content et même, Il manifeste sa colère contre certaines personnes à cause de leur manque de reconnaissance : *La colère de Dieu de révèle contre toute impiété... puisqu'ayant connu Dieu, ils ne lui ont point rendu grâces !* (Romains 1.18-21)

Pour Dieu, ne pas lui rendre grâces pour ce qu'Il est, pour ce qu'Il a fait pour l'homme, c'est une impiété qui provoque sa colère.

Que le Seigneur renouvelle en nous un esprit de louanges et de reconnaissance. Ne donnons pas prise au Malin qui nous fait oublier les bienfaits de Dieu. En toutes circonstances, même dans nos détresses, apprenons à faire monter à Dieu des actions de grâces, et nous verrons Dieu manifester Sa gloire dans nos vies. »

Edouard Kowalski
Enseignements bibliques

Pris sur https://topmessages.topchretien.com/texte/la-puissance-de-laction-de-grace/

« Les actions de grâces, c'est tout ce que l'on fait, dit en guise de reconnaissance pour une faveur (ou une grâce) que l'on a reçue de Dieu. L'action de grâces naît de la capacité à reconnaître, discerner ce que Dieu a fait pour nous. L'action de grâces coule de la révélation que l'on a de ce que Dieu a accompli pour nous. A l'inverse, les murmures sont un signe d'aveuglement spirituel.

On peut rendre grâces à Dieu par des paroles, des chants de louanges mais aussi par les offrandes qu'on Lui fait.

Il y a une puissance immense dans l'action de grâces, dans la reconnaissance.

Dans cet article, je vous partage 30 passages bibliques sur l'importance de l'action de grâces.

Pourquoi devons-nous développer l'habitude de rendre grâces à Dieu en permanence ? Pour 2 raisons, au moins.

Les créatures dans le ciel élèvent des actions de grâces vers Dieu

L'action de grâces fait partie de la culture du royaume de Dieu. Elle sature l'atmosphère dans laquelle Dieu habite, comme nous le montre les passages bibliques ci-dessous. Dans ces versets, l'apôtre Jean nous décrit ce qu'il a vu dans le ciel et nous expose un puissant secret concernant l'environnement qui entoure le Dieu que nous adorons.

L'atmosphère de gloire qui entoure notre Dieu est chargée en actions de grâces.

Apocalypse 4 :9-11 – Quand les êtres vivants rendent gloire et honneur et actions de grâces à celui qui est assis sur le trône, à celui qui vit aux siècles des siècles, les vingt-quatre vieillards se prosternent devant celui qui est assis sur le trône, et ils adorent celui qui vit aux siècles des siècles, et ils jettent leurs couronnes devant le trône, en disant : Tu es digne, notre Seigneur et notre Dieu, de recevoir la gloire et l'honneur et la puissance; car tu as créé toutes choses, et c'est par ta volonté qu'elles existent et qu'elles ont été créées.

Apocalypse 7 :11-12 – Et tous les anges se tenaient autour du trône et des vieillards et des quatre êtres vivants ; et ils se prosternèrent sur leurs faces devant le trône, et ils adorèrent Dieu, en disant : Amen ! La louange, la gloire, la sagesse, l'action de grâces, l'honneur, la puissance, et la force, soient à notre Dieu, aux siècles des siècles ! Amen !

Apocalypse 11 :16-17 – Et les vingt-quatre vieillards, qui étaient assis devant Dieu sur leurs trônes, se prosternèrent sur leurs faces, et ils adorèrent Dieu, en disant : Nous te rendons grâces, Seigneur Dieu tout-puissant, qui es, et qui étais, de ce que tu as saisi ta grande puissance et pris possession de ton règne.

Bien-aimé, quand vous rendez grâces à Dieu, vous relâchez autour de vous l'atmosphère de ciel.

Si vous voulez que l'atmosphère de gloire, la gloire de la présence de Dieu vous accompagne en permanence, bannissez les plaintes et les murmures. Abondez en actions de grâces !

Jésus Lui-même avait pour coutume de grâces à Dieu.

Jésus rendait grâces au Seigneur pour tout, comme on le voit dans les passages ci-dessous.

Jean 6:11 – Jésus prit les pains, rendit grâces, et les distribua à ceux qui étaient assis; il leur donna de même des poissons, autant qu'ils en voulurent.

Jean 11:41 – Ils ôtèrent donc la pierre. Et Jésus leva les yeux en haut, et dit : Père, je te rends grâces de ce que tu m'as exaucé.

Matthieu 26:27 – Il prit ensuite une coupe; et, après avoir rendu grâces, il la leur donna, en disant : Buvez-en tous;

Dans l'action de grâces, il y a la puissance de la multiplication.

Une habitude des apôtres

C'était une habitude, un mode de vie pour Paul par exemple. Paul rendait grâces à Seigneur pour tout :

1 Corinthiens 1:4 – Je rends à mon Dieu de continuelles actions de grâces à votre sujet, pour la grâce de Dieu qui vous a été accordée en Jésus-Christ.

Romains 1:8 – Je rends d'abord grâces à mon Dieu par Jésus-Christ, au sujet de vous tous, de ce que votre foi est renommée dans le monde entier.

Romains 6:17 – Mais grâces soient rendues à Dieu de ce que, après avoir été esclaves du péché, vous avez obéi de coeur à la règle de doctrine dans laquelle vous avez été instruits.

Romains 7:25 – Grâces soient rendues à Dieu par Jésus-Christ notre Seigneur !

2 Thessaloniciens 1:3 – Nous devons à votre sujet, frères, rendre continuellement grâces à Dieu, comme cela est juste, parce que votre foi fait de grands progrès, et que la charité de chacun de vous tous à l'égard des autres augmente de plus en plus.

2 Thessaloniciens 2:13 – Pour nous, frères bien-aimés du Seigneur, nous devons à votre sujet rendre continuellement grâces à Dieu, parce que Dieu vous a choisis dès le commencement pour le salut, par la sanctification de l'Esprit et par la foi en la vérité.

2 Corinthiens 9 :15 – Grâces soient rendues à Dieu pour son don ineffable !

Ephésiens 1:16 – Je ne cesse de rendre grâces pour vous, faisant mention de vous dans mes prières.

Colossiens 1:3 – Nous rendons grâces à Dieu, le Père de notre Seigneur Jésus-Christ, et nous ne cessons de prier pour vous.

1 Thessaloniciens 1 :2 – Nous exprimons constamment notre reconnaissance à Dieu au sujet de vous tous lorsque, dans nos prières, nous faisons mention de vous.

Philémon 1:4 – Je rends continuellement grâces à mon Dieu, faisant mention de toi dans mes prières, [...].

Dieu nous demande de le faire

Si les anges dans le ciel rendent grâces à Dieu constamment, et que le Seigneur Jésus, notre modèle le faisait, à combien plus forte raison devrions-nous développer cette habitude dans nos vies ! Cela devrait être un mode de vie pour nous !

1 Thessaloniciens 5 :18 – Remerciez Dieu en toute circonstance : telle est pour vous la volonté que Dieu a exprimée en Jésus-Christ.

Éphésiens 5:4 – Qu'on n'entende ni paroles déshonnêtes, ni propos insensés, ni plaisanteries, choses qui sont contraires à la bienséance; qu'on entende plutôt des actions de grâces.

Éphésiens 5 :20 – Remerciez constamment Dieu le Père pour tout, au nom de notre Seigneur Jésus-Christ.

Colossiens 4:2 – Persévérez dans la prière, veillez-y avec actions de grâces.

1 Timothée 4 :3-5, SEM – Ces gens-là interdisent de se marier et de consommer des aliments que Dieu a pourtant créés pour qu'ils soient pris avec reconnaissance par ceux qui sont croyants et qui ont connu la vérité. Tout ce que Dieu a créé est bon et rien ne doit être rejeté, pourvu qu'on le prenne dans une attitude de reconnaissance, car cela est rendu saint par la parole de Dieu et la prière.

Remercier Dieu en permanence, c'est la volonté de Dieu pour nous !

1 Timothée 2 : 1-4 – J'exhorte donc, avant toutes choses, à faire des prières, des supplications, des requêtes, des actions de grâces, pour tous les hommes, pour les rois et pour tous ceux qui sont élevés en dignité, afin que nous menions une vie paisible et tranquille, en toute piété et honnêteté. Cela est bon et agréable devant Dieu notre Sauveur, qui veut que tous les hommes soient sauvés et parviennent à la connaissance de la vérité.

Philippiens 4:6-7 – Ne vous inquiétez de rien; mais en toute chose faites connaître vos besoins à Dieu par des prières et des supplications, avec des actions de grâces. Et la paix de Dieu, qui surpasse toute intelligence, gardera vos cœurs et vos pensées en Jésus-Christ.

Colossiens 2 :6-7 – Ainsi donc, comme vous avez reçu le Seigneur Jésus-Christ, marchez en lui, étant enracinés et fondés en lui, et affermis par la foi, d'après les instructions qui vous ont été données, et abondez en actions de grâces.

2 Corinthiens 2:14 – Grâces soient rendues à Dieu, qui nous fait toujours triompher en Christ, et qui répand par nous en tout lieu l'odeur de sa connaissance !

Éphésiens 5:4 – Qu'on n'entende ni paroles déshonnêtes, ni propos insensés, ni plaisanteries, choses qui sont contraires à la bienséance; qu'on entende plutôt des actions de grâces.

1 Thessaloniciens 2:13 – C'est pourquoi nous rendons continuellement grâces à Dieu de ce qu'en recevant la parole de Dieu, que nous vous avons fait entendre, vous l'avez reçue, non comme la parole des hommes, mais, ainsi qu'elle l'est véritablement, comme la parole de Dieu, qui agit en vous qui croyez.

Romains 1:21 – Puisque ayant connu Dieu, ils ne l'ont point glorifié comme Dieu, et ne lui ont point rendu grâces; mais ils se sont égarés dans leurs pensées, et leur coeur sans intelligence a été plongé dans les ténèbres.

Colossiens 3:17 – Et quoi que vous fassiez, en parole ou en œuvre, faites tout au nom du Seigneur Jésus, en rendant par lui des actions de grâces à Dieu le Père.

Que Dieu vous bénisse! »

Aisha

Pris sur http://faveurdivine.com/2018/07/25/30-passages-bibliques-limportance-actions-de-graces/

La grâce

Définition

En grec profane, c'est le mot *charis* (χαρις) qui désigne la grâce. Il signifie originellement - et ceci est décisif pour la coloration du mot - ce qui brille, ce qui réjouit. De là, on passe aux trois significations classiques du mot :

a) le charme de la beauté, la joie, le plaisir ; *b*) la faveur, la bienveillance, les égards, les marques de respect, la condescendance, le désir de plaire, la bonne grâce ; *c*) la reconnaissance (rendre grâce, d'où : eucharistie), la récompense, la rémunération, le salaire, le cadeau (d'où : charisme, don matériel ou spirituel) reçu en vertu de la seule faveur du roi ou de la divinité.

« La faveur de Dieu est une disposition bienveillante de Dieu envers l'homme, c'est une bénédiction que Dieu accorde à quelqu'un non à cause des œuvres, des mérites ou des privilèges mais par pure grâce, c'est un acte de générosité, quelque chose donnée en signe d'amour, d'affection ou en souvenir. La faveur divine est un programme du ciel qui vous fait ressortir là où vous êtes. » selon le pasteur Offin Kiawete

« C'est la faveur de Dieu envers ceux qui méritent le jugement. Par la GRÂCE, l'amour de Dieu se penche favorablement vers nous. Il nous tend la main pour nous tirer vers Lui. La GRÂCE de Dieu ne se mérite ni par nos efforts, ni par nos bonnes œuvres, et encore moins par nos bonnes résolutions. Il s'agit d'un don de Dieu qui nous a été fait au travers de Jésus Christ. Ainsi, nous ne pouvons pas recevoir la GRÂCE sans recevoir Jésus, et nous ne pouvons pas non plus recevoir Jésus sans recevoir la GRÂCE de Dieu. » selon le pasteur Fofy Ndelo

Comment bénéficier de la grâce de Dieu ?

« Car la grâce de Dieu, source de salut pour tous les hommes, a été manifestée. Elle nous enseigne à renoncer à l'impiété et aux convoitises mondaines, et à vivre dans le siècle présent selon la sagesse, la justice et la piété, » Tite 2 : 11-12

La GRÂCE réveille ma conscience et la pousse à confesser mes fautes. Elle m'amène dans la lumière de la présence de Dieu qui s'occupe de moi avec amour. Alors que nous étions perdus et éloignés de Dieu, le Seigneur Jésus est venu à nous parce qu'il connaissait l'étendue et la gravité de notre péché. Il a pris sur lui la condamnation que nous méritions et nous a donné la vie éternelle. Le péché est ce qui nous empêche de bénéficier de la grâce de Dieu.

Tu vas me dire si on ne mérite pas la grâce pourquoi dois-je faire quelque chose pour bénéficier ? et moi je vais te répondre ainsi, qu'est-ce que tu fais pour mériter les jolis rayons de soleil ? rien n'est-ce pas ? mais si tu restes chez toi enfermé est ce que ces rayons de soleil viendront dans ta chambre et sous ta couverture te fais du bien ? bien sûr que non ; le libre hébreux au chapitre 12 nous présente le péché comme une enveloppe qui nous couvre et nous empêche de jouir de la grâce de Dieu.

Je vais partager avec vous un extrait du message du pasteur Offin Kiawete à ce sujet

La faveur divine est un programme du ciel qui vous fait ressortir là où vous êtes.

Elle permet de répandre sur vous les bénédictions de Dieu, il devance le bénéficiaire pour lui préparer le terrain et sert d'échelle pour atteindre le sommet.

Quand la faveur divine vous projette au sommet, personne ne peut vous faire descendre. L'octroi de la faveur divine vient de Dieu lui-même, car c'est un programme qui peut transférer un homme de la prison au palais, de la fosse aux lions au palais en 24 heures.

La faveur divine embellit les destinées, elle a la capacité de doubler la gloire de Dieu sur la vie de quelqu'un, elle élimine les luttes et les combats et accorde la montée facile dans les bénédictions, elle libère aussi les bénédictions en abondance elle vous rend capable d'obtenir les bons trésors de l'Eternel.

La faveur divine vous rend capable d'expérimenter le succès dans tous les domaines, elle fera que vos ennemis se prosternent devant vous et vous soient assujettis la faveur de Dieu poussera les gens à faire la compétition pour vous faire du bien la faveur divine fera toujours la différence dans votre vie, elle vous permet d'avoir la promotion là où personne ne peut en recevoir.

La faveur de Dieu fera que Dieu aura compassion de toi, jettera son regard sur toi, là où les autres seront sans secours.

Lorsque vous êtes candidat à la faveur divine, vous aurez l'avantage partout où vous vous trouvez, quand la faveur divine descend sur votre vie comme ça été le cas de Joseph toute chose peut vous arriver en 24 heures car c'était en 24 heures que Joseph est sorti de la prison et que David a quitté son état de petit berger pour la célébrité. Le succès dans la vie est une fonction directe de la faveur de Dieu, toute grâce exceptionnelle appelle une faveur aussi exceptionnelle, la grâce vous livre les choses qui ne vous reviennent pas de droit mais que Dieu vous donne juste pour vous montrer que vous êtes entré dans ses faveurs.

Par exemple Joseph avait la faveur de son père car il est le seul fils à qui Jacob avait fait un vêtement de plusieurs couleurs, il avait tellement la grâce de son père qu'il suscita l'envie, la jalousie de ses frères. Les bénédictions et l'élévation dans la vie sont fonction de la faveur de Dieu, la grâce n'est pas gratuite mais elle est gagnée.

La faveur de Dieu vous accordera l'accès aux mystères de Dieu et Dieu vous permettra de prendre le dessus sur toute situation contraire elle vous rendra puissant à partir de rien.

Quand la faveur de Dieu est sur votre vie les gens montreront un intérêt pour vous sans que vous les forciez, elle annonce votre arrivée partout où vous allez, elle amène les gens à vous localiser et à vous accorder vos droits.

Quand la faveur de Dieu est sur votre vie personne ne peut vous écraser, vous serez candidat à l'excellence.

Quand la faveur de Dieu est sur votre vie, Dieu vous accordera un type de concession qu'il ne peut accorder aux autres elle permet de vous distinguer parmi une multitude d'hommes et femmes, elle facilite les rencontres divines et vous devenez les délices de Dieu, elle crée en vous une préférence divine qui ne tient pas compte de la qualification des hommes et des femmes autour de vous.

Ami de Dieu

Jean 15 : 14-15

« Vous êtes mes amis, si vous faites ce que je vous commande. Je ne vous appelle plus serviteurs, parce que le serviteur ne sait pas ce que fait son maître ; mais je vous ai appelés amis, parce que je vous ai fait connaître tout ce que j'ai appris de mon Père. »

La première clé c'est de devenir ami de Dieu car la faveur et la miséricorde n'abandonnent jamais un ami de Dieu.

C'est une chose d'être né de nouveau mais c'est une autre chose d'avoir une communion, une amitié avec Dieu, car devenir un ami de Dieu demande certaines qualités parce qu'un ami de Dieu ne mentira pas, ne volera pas, ni ne vit pas dans la fornication, l'impudicité, il ne trompe les autres, ne pense pas à faire le mal, mais il dit la vérité dans son cœur.

La vraie sainteté

1 Thessaloniciens 4 : 3-8

« Ce que Dieu veut, c'est votre sanctification ; c'est que vous vous absteniez de l'impudicité ; c'est que chacun de vous sache posséder son corps dans la sainteté et l'honnêteté, sans vous livrer à une convoitise passionnée, comme font les païens qui ne connaissent pas Dieu ; c'est que personne n'use envers son frère de fraude et de cupidité dans les affaires, parce que le Seigneur tire vengeance de toutes ces choses, comme nous vous l'avons déjà dit et attesté. Car Dieu ne nous a pas appelés à l'impureté, mais à la sanctification. Celui donc qui rejette ces préceptes ne rejette pas un homme, mais Dieu, qui vous a aussi donné son Saint-Esprit. »

Daniel 1 : 8-9

« Daniel résolut de ne pas se souiller par les mets du roi et par le vin dont le roi buvait, et il pria le chef des eunuques de ne pas l'obliger à se souiller. Dieu fit trouver à Daniel faveur et grâce devant le chef des eunuques. »

Genèse 39 : 7-14

« Après ces choses, il arriva que la femme de son maître porta les yeux sur Joseph, et dit : Couche avec moi ! Il refusa, et dit à la femme de son maître : Voici, mon maître ne prend avec moi connaissance de rien dans la maison, et il a remis entre mes mains tout ce qui lui appartient. Il n'est pas plus grand que moi dans cette maison, et il ne m'a rien interdit, excepté toi, parce que tu es sa femme. Comment ferais-je un aussi grand mal et pécherais-je contre Dieu ? Quoiqu'elle parlât tous les jours à Joseph, il refusa de coucher auprès d'elle, d'être avec elle. Un jour qu'il était entré dans la maison pour faire son ouvrage, et qu'il n'y avait là aucun des gens de la maison, elle le saisit par son vêtement, en disant : Couche avec moi ! Il lui laissa son vêtement dans la main, et s'enfuit au dehors. Lorsqu'elle vit qu'il lui avait laissé son vêtement dans la main, et qu'il s'était enfui dehors, elle appela les gens de sa maison, et leur dit : Voyez, il nous a amené un Hébreu pour se jouer de nous. Cet homme est venu vers moi pour coucher avec moi ; mais j'ai crié à haute voix. »

Psaumes 24 : 3-4

« Qui pourra monter à la montagne de l'Eternel ? Qui s'élèvera jusqu'à son lieu saint ? Celui qui a les mains innocentes et le cœur pur ; Celui qui ne livre pas son âme au mensonge, Et qui ne jure pas pour tromper. »

La deuxième clé c'est de pratiquer ou de vivre dans la sainteté, de mener une vie sans compromis alors de nos jours beaucoup des gens ne veulent pas écouter ce genre de messages car les gens veulent avoir les dons sans le donateur, ils veulent la prospérité sans celui qui la donne, la bible dit : sans la sanctification nul ne verra le Seigneur, car sans la sainteté il n'y a pas de faveur divine.

Si vous menez une vie souillée alors vous vivrez dans la défaveur, puisque Dieu est saint vous ne pouvez marcher avec lui que si vous êtes saint, si vous ne permettez pas de l'avoir avec vous, vous ne l'aurez pas non plus ! Dieu exige votre sainteté pour que vous puissiez jouir de sa grâce, le diable n'aura pas peur de vous tant que la sainteté n'est pas établie dans votre vie, la maladie ne te craindra pas tant que la sainteté n'est pas en place, l'échec ne vous donnera aucun respect tant que la sainteté de Dieu n'est intacte dans votre vie.

Soyez une bénédiction

1 Rois 17 : 8-16

« Alors la parole de l'Eternel lui fut adressée en ces mots : Lève-toi, va à Sarepta, qui appartient à Sidon, et demeure là. Voici, j'y ai ordonné à une femme veuve de te nourrir. Il se leva, et il alla à Sarepta. Comme il arrivait à l'entrée de la ville, voici, il y avait là une femme veuve qui ramassait du bois. Il l'appela, et dit : Va me chercher, je te prie, un peu d'eau dans un vase, afin que je boive. Et elle alla en chercher. Il l'appela de nouveau, et dit : Apporte-moi, je te prie, un morceau de pain dans ta main. Et elle répondit : L'Eternel, ton Dieu, est vivant ! je n'ai rien de cuit, je n'ai qu'une poignée de farine dans un pot et un peu d'huile dans une cruche. Et voici, je ramasse deux morceaux de bois, puis je rentrerai et je préparerai cela pour moi et pour mon fils ; nous mangerons, après quoi nous mourrons. Elie lui dit : Ne crains point, rentre, fais comme tu as dit. Seulement, prépare-moi d'abord avec cela un petit gâteau, et tu me l'apporteras ; tu en feras ensuite pour toi et pour ton fils. Car ainsi parle l'Eternel, le Dieu d'Israël : La farine qui est dans le pot ne manquera point et l'huile qui est dans la cruche ne diminuera point, jusqu'au jour où l'Eternel fera tomber de la pluie sur la face du sol. Elle alla, et elle fit selon la parole d'Elie. Et pendant longtemps elle eut de quoi manger, elle et sa famille, aussi bien qu'Elie. La farine qui était dans le pot ne manqua point, et l'huile qui était dans la cruche ne diminua point, selon la parole que l'Eternel avait prononcée par Elie. »

Genèse 18 : 2-10

« Il leva les yeux, et regarda : et voici, trois hommes étaient debout près de lui. Quand il les vit, il courut au-devant d'eux, depuis l'entrée de sa tente, et se prosterna en terre. Et il dit : Seigneur, si j'ai trouvé grâce à tes yeux, ne passe point, je te prie, loin de ton serviteur. Permettez qu'on apporte un peu d'eau, pour vous laver les pieds ; et reposez-vous sous cet arbre. J'irai prendre un morceau de pain, pour fortifier votre coeur; après quoi, vous continuerez votre route; car c'est pour cela que vous passez près de votre serviteur. Ils répondirent : Fais comme tu l'as dit. Abraham alla promptement dans sa tente vers Sara, et il dit : Vite, trois mesures de fleur de farine, pétris, et fais des gâteaux. Et Abraham courut à son troupeau, prit un veau tendre et bon, et le donna à un serviteur, qui se hâta de l'apprêter. Il prit encore de la crème et du lait, avec le veau qu'on avait apprêté, et il les mit devant eux. Il se tint lui-même à leurs côtés, sous l'arbre. Et ils mangèrent. Alors ils lui dirent : Où est Sara, ta femme ? Il répondit : Elle est là, dans la tente. L'un d'entre eux dit : Je reviendrai vers toi à cette même époque ; et voici, Sara, ta femme, aura un fils. Sara écoutait à l'entrée de la tente, qui était derrière lui »

2 Rois 4 : 8-16

« Un jour Elisée Passait par Sunem. Il y avait là une femme de distinction, qui le pressa d'accepter à manger. Et toutes les fois qu'il passait, il se rendait chez elle pour manger. Elle dit à son mari : Voici, je sais que cet homme qui passe toujours chez nous est un saint homme de Dieu. Faisons une petite chambre haute avec des murs, et mettons-y pour lui un lit, une table, un siège et un chandelier, afin qu'il s'y retire quand il viendra chez nous. Elisée, étant revenu à Sunem, se retira dans la chambre haute et y coucha. Il dit à Guéhazi, son serviteur : Appelle cette Sunamite. Guéhazi l'appela, et elle se présenta devant lui. Et Elisée dit à Guéhazi: Dis-lui: Voici, tu nous as montré tout cet empressement; que peut-on faire pour toi ? Faut-il parler pour toi au roi ou au chef de l'armée ? Elle répondit : J'habite au milieu de mon peuple. Et il dit : Que faire pour elle ? Guéhazi répondit : Mais, elle n'a point de fils, et son mari est vieux. Et il dit : Appelle-la. Guéhazi l'appela, et elle se présenta à la porte. Elisée lui dit : A cette même époque, l'année prochaine, tu embrasseras un fils. Et elle dit : Non ! mon seigneur, homme de Dieu, ne trompe pas ta servante ! »

1 Samuel 9 : 3-9

« Les ânesses de Kis, père de Saül, s'égarèrent ; et Kis dit à Saül, son fils : Prends avec toi l'un des serviteurs, lève-toi, va, et cherche les ânesses. Il passa par la montagne d'Ephraïm et traversa le pays de Schalischa, sans les trouver ; ils passèrent par le pays de Schaalim, et elles n'y étaient pas ; ils parcoururent le pays de Benjamin, et ils ne les trouvèrent pas. Ils étaient arrivés dans le pays de Tsuph, lorsque Saül dit à son serviteur qui l'accompagnait : Viens, retournons, de peur que mon père, oubliant les ânesses, ne soit en peine de nous. Le serviteur lui dit : Voici, il y a dans cette ville un homme de Dieu, et c'est un homme considéré ; tout ce qu'il dit ne manque pas d'arriver. Allons-y donc ; peut-être nous fera-t-il connaître le chemin que nous devons prendre. Saül dit à son serviteur : Mais si nous y allons, que porterons-nous à l'homme de Dieu ? Car il n'y a plus de provisions dans nos sacs, et nous n'avons aucun présent à offrir à l'homme de Dieu. Qu'est-ce que nous avons ? Le serviteur reprit la parole, et dit à Saül : Voici, j'ai sur moi le quart d'un sicle d'argent ; je le donnerai à l'homme de Dieu, et il nous indiquera notre chemin. Autrefois en Israël, quand on allait consulter Dieu, on disait : Venez, et allons au voyant ! Car celui qu'on appelle aujourd'hui le prophète s'appelait autrefois le voyant. »

Proverbes 11 : 27

« Celui qui recherche le bien s'attire de la faveur, Mais celui qui poursuit le mal en est atteint. »

La troisième clé c'est d'être une bénédiction pour les autres, les hommes et les femmes égoïstes n'ont jamais la faveur de Dieu.

Quand vous faites un effort pour bénir les autres vous auront une grande faveur comme la veuve de sarepta. Faites aux autres ce que vous voulez qu'ils fassent pour vous, si vous voulez donc que Dieu vous fasse rentrer dans ses grâces, montrer de l'entrain pour son royaume, quand tout ce qui est fait dans son royaume vous concerne, quand vous êtes affecté par tout ce qui affecte son royaume, vous pouvez rentrer dans une alliance avec sa grâce.

Le don sacrificiel (j'ai traité ce sujet dans mon livre intitulé l'impact du don sacrificiel)

Genèse 8 : 20-22

« Noé bâtit un autel à l'Eternel ; il prit de toutes les bêtes pures et de tous les oiseaux purs, et il offrit des holocaustes sur l'autel. 21 L'Eternel sentit une odeur agréable, et l'Eternel dit en son coeur : Je ne maudirai plus la terre, à cause de l'homme, parce que les pensées du coeur de l'homme sont mauvaises dès sa jeunesse ; et je ne frapperai plus tout ce qui est vivant, comme je l'ai fait. 22 Tant que la terre subsistera, les semailles et la moisson, le froid et la chaleur, l'été et l'hiver, le jour et la nuit ne cesseront point »

Psaumes 126 : 5-6

« Ceux qui sèment avec larmes moissonneront avec chants d'allégresse. 6 Celui qui marche en pleurant, quand il porte la semence, Revient avec allégresse, quand il porte ses gerbes. »

2 Samuel 24 : 22-24

« Aravna dit à David : Que mon seigneur le roi prenne l'aire, et qu'il y offre les sacrifices qu'il lui plaira ; vois, les bœufs seront pour l'holocauste, et les chars avec l'attelage serviront de bois. 23 Aravna donna le tout au roi. Et Aravna dit au roi : Que l'Eternel, ton Dieu, te soit favorable ! 24 Mais le roi dit à Aravna : Non ! Je veux l'acheter de toi à prix d'argent, et je n'offrirai point à l'Eternel, mon Dieu, des holocaustes qui ne me coûtent rien. Et David acheta l'aire et les bœufs Pour cinquante sicles d'argent »

2 Rois 3 : 26-27

« Le roi de Moab, voyant qu'il avait le dessous dans le combat, prit avec lui sept cents hommes tirant l'épée pour se frayer un passage jusqu'au roi d'Edom; mais ils ne purent pas. Il prit alors son fils premier-né, qui devait régner à sa place, et il l'offrit en holocauste sur la muraille. Et une grande indignation s'empara d'Israël, qui s'éloigna du roi de Moab et retourna dans son pays. »

Genèse 22 : 9-18

« Lorsqu'ils furent arrivés au lieu que Dieu lui avait dit, Abraham y éleva un autel, et rangea le bois. Il lia son fils Isaac, et le mit sur l'autel, par-dessus le bois. Puis Abraham étendit la main, et prit le couteau, pour égorger son fils. Alors l'ange de l'Eternel l'appela des cieux, et dit : Abraham ! Abraham

! Et il répondit : Me voici ! L'ange dit : N'avance pas ta main sur l'enfant, et ne lui fais rien ; car je sais maintenant que tu crains Dieu, et que tu ne m'as pas refusé ton fils, ton unique. Abraham leva les yeux, et vit derrière lui un bélier retenu dans un buisson par les cornes ; et Abraham alla prendre le bélier, et l'offrit en holocauste à la place de son fils. Abraham donna à ce lieu le nom de Jehova-Jiré. C'est pourquoi l'on dit aujourd'hui : A la montagne de l'Eternel il sera pourvu. L'ange de l'Eternel appela une seconde fois Abraham des cieux, et dit : Je le jure par moi-même, parole de l'Eternel ! parce que tu as fait cela, et que tu n'as pas refusé ton fils, ton unique, je te bénirai et je multiplierai ta postérité, comme les étoiles du ciel et comme le sable qui est sur le bord de la mer ; et ta postérité possédera la porte de ses ennemis. Toutes les nations de la terre seront bénies en ta postérité, parce que tu as obéi à ma voix. »

Philippiens 2 : 5-11

« Ayez-en vous les sentiments qui étaient en Jésus-Christ, lequel, existant en forme de Dieu, n'a point regarder comme une proie à arracher d'être égal avec Dieu, mais s'est dépouillé lui-même, en prenant une forme de serviteur, en devenant semblable aux hommes ; et ayant paru comme un simple homme, il s'est humilié lui-même, se rendant obéissant jusqu'à la mort, même jusqu'à la mort de la croix. C'est pourquoi aussi Dieu l'a souverainement élevé, et lui a donné le nom qui est au-dessus de tout nom, afin qu'au nom de Jésus tout genou fléchisse dans les cieux, sur la terre et sous la terre, et que toute langue confesse que Jésus-Christ est Seigneur, à la gloire de Dieu le Père. »

La quatrième clé pour attirer la faveur divine c'est de faire de don sacrificiel car beaucoup d'entre nous donnons les dons, les offrandes mais pas de façon sacrificielle, parce que si vous voulez voir la faveur divine dans ta vie donnez de façon sacrificielle.

Quand une offrande est sacrificielle vous attirez la faveur divine dans votre vie, apprenez une leçon de la vie de David qui était déterminé à donner à Dieu quelque chose qui lui coûtait cher.

Conclusion

Sans une rencontre authentique avec le Seigneur Jésus-Christ il est totalement impossible de parler de miracles authentique car tout miracle a pour but ultime de tourner le cœur des Hommes vers Dieu et rien que vers Dieu et non vers autre chose.

Jésus-Christ est le miracle et le faiseur de miracle en même temps. Beaucoup n'ont pas compris cela c'est pour cette raison qu'ils courent après les miracles loin du miracle lui-même.

Lorsque tu rencontres le miracle qui est Jésus-Christ, il te donne la vie et cette vie pour la maintenir il faut être continuellement en contact avec la source d'où le face à face continuel avec Dieu ; nous sommes comme des téléphones dont nos batteries ont besoin d'être constamment chargé pour que nous soyons en communication avec les autres dans le but de leur communiquer la vie de Dieu.

Tant que tu n'as pas compris que tu es un signe et un prodige tu ne peux pas influencer ton entourage pourtant tu as été créé pour dominer, commander et diriger pour la gloire de Dieu ; aujourd'hui plusieurs sont victimes des oppressions parce qu'ils ne savent pas qui ils sont, ils sont ignorant du fait que l'ennemis a perdu la guerre il y a 2000 ans, ils ne connaissent pas leur droit.

Plusieurs méprisent les principes de Dieu et se plaignent que les choses ne fonctionnent pas bien dans leur vie ; aujourd'hui les gens aiment la vie d'indépendance au nom de Christ nous a affranchi, personne n'a jamais appris seul ; il faut toujours passer sous quelqu'un pour que Dieu l'utilise pour faire de toi la personne que lui Dieu veut ; plusieurs veulent qu'on se soumette à eux alors qu'ils n'ont jamais été soumis à quelqu'un et ne sont soumis à personne, ils veulent diriger alors qu'ils n'ont jamais été dirigé ; ils sont des patrons et ne savent pas que Dieu ne veut pas les patron pour son œuvre mais des serviteur, je voudrais dire que dans l'œuvre de Dieu il n'il pas de place pour les patrons mais les serviteurs trouverons toujours une place et même s'il en manque Dieu va créer pour eux puisqu'ils sont serviable.

Nous vivons dans un monde d'ingratitude ou tout le monde veut toujours avoir sans jamais s'arrêter pour dire merci ; depuis ce matin as-tu dit merci à Dieu pour ses grâces dans ta vie ? pour le faite que tu sois en vie ? beaucoup prennent cela pour acquis et continu leur vie comme si Dieu n'avait rien fait pour eux ; on veut toujours demander pour avoir encore et encore.

Ne sais-tu pas que le lac taris toujours ? et tu sais pourquoi ? parce qu'il passe tout son temps à recevoir sans jamais donner ; donner est une autre forme de dire merci.

La grâce nous fait connaître Dieu et nous montre comment nous devons nous conduire. Elle nous détache de nous-mêmes, nous tourne vers Christ et nous ramène à Dieu.

BIBLIOGRAPHIE

https://www.infochretienne.com/le-pasteur-de-kanye-west-revele-le-temoignage-de-conversion-radicale-de-la-star/

https://mbotakely.skyrock.com/3144274838-TEMOIGNAGE-POIGNANT-D-UN-CONDAMNE-A-MORT-CONVERTI-A-JESUS.html

https://ztfministry.org/fr/tracts-salvation/968-comment-j-ai-rencontre-jesus-le-temoignage-de-la-conversion-de-watchman-ndinteh

https://emcitv.com/mon-couple-mes-relations/texte/pourquoi-est-il-important-d-appliquer-la-loi-de-l-honneur-dans-son-foyer-26365.html

https://topmessages.topchretien.com/texte/lhonneur/

http://monrhema.com/index.php/enseignements/textes/61-l-importance-de-l-action-de-grace

https://emcitv.com/alain-patrick-tsengue/texte/c-est-quoi-l-action-de-grace-56833.html

https://topmessages.topchretien.com/texte/la-puissance-de-laction-de-grace/

http://faveurdivine.com/2018/07/25/30-passages-bibliques-limportance-actions-de-graces/

Marcel Teguia est né au Cameroun en Février 1985, il nait de nouveau en 2001 à Sangmélima. Travaillant dans l'œuvre en tant que missionnaire, sa passion est de gagner les âmes à Christ ; il vit pour voir les hommes et femmes être réconciliés avec le Seigneur et grandir dans leur intimité avec lui. Son amour pour Dieu met le salut des âmes en priorité pour lui. Il est le vice-président de Missionnaires sans Frontières qui est une Organisation missionnaire internationale dont la mission est de servir l'Eglise du Seigneur Jésus, il est également coach et mentor de plusieurs personnes.

Il est titulaire d'un Master 1 en Informatique option Services distribué obtenu à l'Université de Dschang. Il a également obtenu un certificat en leadership de YALI centre régional d'Accra, un certificat en étude pastorales et un Master en implantation d'églises à Apostolos Bible College au Nigeria.

Il a lu plus de 200 littératures chrétiennes et est l'auteur de plusieurs livres parmi lesquels le Don sacrificiel et les six clés d'un miracle authentique.

Marcel Teguia a pour épouse Victorine Teguia avec qui il est engagé à plein temps dans l'œuvre missionnaire, ils ont deux magnifiques enfants pour lesquels ils rendent continuellement grâce à Dieu.

More Books!

yes

I want morebooks!

Buy your books fast and straightforward online - at one of world's fastest growing online book stores! Environmentally sound due to Print-on-Demand technologies.

Buy your books online at

www.morebooks.shop

Achetez vos livres en ligne, vite et bien, sur l'une des librairies en ligne les plus performantes au monde!
En protégeant nos ressources et notre environnement grâce à l'impression à la demande.

La librairie en ligne pour acheter plus vite

www.morebooks.shop

KS OmniScriptum Publishing
Brivibas gatve 197
LV-1039 Riga, Latvia
Telefax: +371 686 204 55

info@omniscriptum.com
www.omniscriptum.com

FSC
www.fsc.org
MIX
Papier | Fördert gute Waldnutzung
FSC® C083411

Kolibri 360 GmbH
Ferdinand-Jühlke-Straße 7
99095 Erfurt, Deutschland
produktsicherheit@kolibri360.de

Druck:
CPI Druckdienstleistungen GmbH
im Auftrag der
Kolibri 360 GmbH
Ferdinand-Jühlke-Str. 7
99095 Erfurt